藏書

珍藏版

二十四史

精编

赵文博 主编

壹

辽海出版社

图书在版编目（CIP）数据

二十四史精编／赵文博主编．—沈阳：辽海出版社，2016.4
ISBN 978－7－5451－3689－0

Ⅰ．①二… Ⅱ．①赵… Ⅲ．①中国历史—古代史—纪
传体—通俗读物 Ⅳ．①K204.1－49

中国版本图书馆 CIP 数据核字（2016）第 047074 号

二十四史精编

责任编辑：柳海松　冷厚诚
责任校对：顾　季
装帧设计：马寄萍
出 版 者：辽海出版社
地　　址：沈阳市和平区十一纬路 29 号
邮政编码：110003
电　　话：024－23284473
E－mail：dyh550912@163.com
印 刷 者：三河市天润建兴印务有限公司
发 行 者：辽海出版社
开　　本：787mm×1092mm　1/16
印　　张：144
字　　数：2100 千字
出版时间：2016 年 12 月第 1 版
印刷时间：2016 年 12 月第 1 次印刷
定　　价：1380.00 元

《二十四史精编》编委会

前　言

　　中华民族在几千年生息、发展的清晰脉络中，留下了一部部浸透着人类心血和智慧的历史史籍，不仅记载了中华民族产生和发展的全部过程，也涵纳了中华民族的精神财富和智慧。可以说，中国是一个史籍浩如烟海、世无匹敌的文献之邦。在祖先留给我们的精神财富中，最优秀、也最具代表性的就是《二十四史》。

　　《二十四史》是中国惟一一部完整的官修史总集，也是世界上惟一一部连续修造 1800 余年，记载 4000 余年悠久历史的辉煌巨著。主要包括：《史记》、《汉书》、《后汉书》、《三国志》、《晋书》、《宋书》、《南齐书》、《梁书》、《陈书》、《魏书》、《北齐书》、《周书》、《隋书》、《南史》、《北史》、《旧唐书》、《新唐书》、《旧五代史》、《新五代史》、《宋史》、《辽史》、《金史》、《元史》、《明史》。它以统一的纪传体裁，完整、系统地记录了上起传说中的黄帝，下迄明崇祯十七年间历史各个时期的经济、政治、科技、军事、文化、艺术、外交等多方面内容，展示了数十个王朝的兴衰轨迹，是研究中国历史最具权威性的史料，也是考查我国周边国家历史的珍贵资料，堪称中华文明的"百科全书"。

《二十四史》具有深厚的文化积淀，不仅可作历史著作来读，亦可作为文学名篇或政治著作来读。但由于成书年代久远，文字艰深，典故生僻且随处可见，令广大读者望而却步。为了使这部史学巨著在现代社会中重放异彩，让读者从中体味博大精深的华夏文明，高深莫测的人生智慧，本书编委会倾尽心力为广大读者朋友选编了一部既可收藏又能读懂的《二十四史精编》。

本书对《二十四史》进行了精心的整理，既有文白对照，也有传世故事，集普及与研究，通俗与学术于一体，希望能够给喜欢史学的朋友以启迪与帮助。

目　录

史　记

汉 书

史

记

《史记》概论

　　司马迁是我国西汉时期杰出的史学家、思想家和文学家，他著的《史记》是中国第一部纪传体通史和第一部传记文学名著。《史记》一共一百三十篇，五十二万余字，记人叙事上起传说中的黄帝，到西汉中期的武帝，囊括大约三千年的历史。"究天人之际，通古今之变，成一家之言"，司马迁崇高的史德、卓越的史识、精湛的编纂体例，开创了中国的历史学，并在中国思想史上留下了光辉的一章。

一

　　《史记》的最后一篇《太史公自序》是司马迁的自传。在这篇自传中，司马迁将其始祖追溯到颛顼时代的重、黎。颛顼任命南正重主管有关天的事务，任命火正黎主管有关地的事务。世代相传，历经唐、虞、夏、商，到周宣王时成为司马氏。司马氏世代任周朝史官，到东周惠王、襄王时去周适晋，此后便分散在卫、赵、秦等国，司马迁便是居秦一支的后裔。秦惠文王时，司马迁的八世祖司马错伐蜀有功，做过蜀郡守。秦昭襄王时，司马错之孙司马靳为武安君白起部将，与白起攻打赵国的长平，坑杀赵军，后与白起被逼迫自杀。秦始皇时，司马靳之孙司马昌曾任主铁官。至汉初，司马昌之子司马无泽做过长安街市的市长。司马无泽之子司马喜曾任五大夫。司马喜之子司马谈为汉太史令，掌天官，重操祖业，他便是司马迁的父亲。

　　司马谈"学天官于唐都，受《易》于杨何，习道论于黄子"，精通天文历法、阴阳顺逆，崇尚黄老之学，谨奉太史职守。《自序》所载《论六家要旨》精辟阐述阴阳、儒、墨、法、名、道德六家学说的核心思想，对前五家既有肯定也有批判，唯独对道家推崇备至，试图以道家融合诸家。司马谈的学识、思想和修撰史书的宏愿对司马迁有着巨大的影响。司马迁追溯其"世序天地"、"世典周史"的古老家世，落脚点便在于父子重操祖业，以继承孔子修《春秋》自诩，这是他顽强著述的主要动力之一。

　　司马迁字子长，左冯翊夏阳（今陕西韩城）人。

一般认为，他生于汉景帝中元五年（前145年），约卒于汉武帝征和三年（前90年），他的一生大致与汉武帝相始终。

司马迁的表字、生卒年俱不见于《太史公自序》和《汉书·司马迁传》，字"子长"见于扬雄《法言·寡见》，生年至今有两说。《自序》中说："（谈）卒三岁而迁为太史令"，司马贞《索隐》引《博物志》说："太史令茂陵显武里大夫司马迁，年二十八，三年六月乙卯除，六百石。"司马谈卒于元封元年（前110年），三年后为元封三年（前108年），由此上推二十八年，则司马迁生于汉武帝建元六年（前135年）。《自序》说："五年而当太初元年"，张守节《正义》案语说："迁年四十二岁。"太初元年（前104年）司马迁为四十二岁，由此上推四十二年，则司马迁生于汉景帝中元五年（前145年）。两种说法相差十年。近代的王国维《太史公行年考》提出中元五年说；1944年，李长之的《司马迁生年为建元六年辨》提出建元六年说；1955年，郭沫若的《太史公行年考有问题》也持建元六年说。此后两说并存，文史教科书多采用"中元五年说"。王国维认为司马迁的卒年难以考证，"然视为与武帝相终始，当无大误也"，便成了没有定论的定论。

《自序》云："迁生龙门，耕牧河山之阳，年十岁则诵古文。"据说龙门为大禹治水所凿，《尚书·禹贡》有"导河积石，至于龙门"之语，司马迁乐于自称。黄河龙门在今陕西韩城市与山西河津县交界之处，司马迁便诞生于陕西韩城市。少年司马迁曾在这里耕作放牧，诵读古文，禀受天地自然的精华。奇险灵秀的长江西陵峡畔产生了伟大的屈原，雄浑壮美的黄河龙门之滨孕育了伟大的司马迁。

司马迁诵读的古文（籀文），有《左传》、《国语》、《世本》、《尚书》、《春秋》等书。他既能诵读古文，今文（隶书）自当通晓。文中当有不少疑难，所以后来求教于孔安国、董仲舒。《汉书·儒林传》说："安国为谏大夫，授都尉朝，而司马迁亦从安国问故。"《自序》阐释《春秋》宗旨，称"余闻董生曰"，裴骃《集解》引服虔曰："仲舒也。"这两处明文记载司马迁与董仲舒、孔安国的关系，不过求教问故而已，并非正式的师徒授受。《史记》、《汉书》条列经学源流，并没有提到司马迁师承何人。所以，可以认为司马迁是自学成才，正如孔子之无常师。然《史记》阐释《春秋》多按照公羊派的释义，引用《尚书》多采古文家之说，表明董仲舒、孔安国对司马迁影响极深。

二十岁的司马迁已是深养厚蓄的饱学之士，于是他"南游江、淮，上会稽，探禹穴，窥九疑，浮于沅、湘；北涉汶、泗，讲业齐、鲁之都，观孔子之遗风，乡射邹、峄，厄困鄱、薛、彭城，过梁、楚以归"。这次游历足迹遍及长江、黄河流域。此后，司马迁做了郎中，常常随驾巡行，游历颇多。元封元年（前110年）司马迁三十五岁，奉命出使巴、蜀以南，到过邛、筰、昆明。司马迁的游历对写作《史记》影响极大。他实地考察，印证古籍的记载；搜集资料，弥补文献之不足；瞻仰古迹，凭吊前贤，引发对先哲的无限崇敬；接触现实，体察疾苦，激发对人民的深切同情；观览名山大川，奇景异物，陶冶性情，激发灵感，抒发胸怀而为文，形成雄深雅健，逸气纵横的风韵。所以后人以"行万里路，读万卷书"来赞誉司马迁的成就与渊源。

司马迁出使巴、蜀归来，便在洛阳接受了父亲的遗命。司马谈临死之前拉着司马迁的手谆谆告诫："余死，汝必为太史；为太史，无忘吾所欲论著矣！"并说，完成论著便尽了最大的孝道！司马迁俯首流涕回答说："小子不敏，请悉论先人所次旧闻，弗敢阙！"

司马谈逝世之后，三十八岁的司马迁果然继任太史令。于是"紬史记石室金匮之书"，整理史书记载及国家藏书，准备写作。继任太史令的第五年为太初元年（前104年），四十二岁的司马迁倡议主持了太初改历，使用《太初历》。《太初历》很精确，后世除极少数王

朝外，历代都沿用这一历法。此后，司马迁正式投入
《史记》的著述。

司马迁并不是奉诏修史，无意为当朝粉饰升平，歌
功颂德。他的著述是要"别嫌疑，明是非，定犹豫，
善善恶恶，贤贤贱不肖"。司马迁抨击汉武帝的政治，
揭露汉武帝迷信神仙方士的愚蠢，因而触怒汉武帝，汉
武帝迟早都会迫害司马迁。《三国志·王肃传》云：
"武帝闻其述《史记》，取孝景及己本纪览之，于是大
怒，削而投之，于今此两纪有录无书。后遭李陵事，下
迁蚕室。"这与《西京杂记》《汉书旧仪注》记载相似，
是汉魏学人的可信之说。今本《史记·孝武本纪》抄
自《封禅书》，多写汉武帝迷信神仙方士，不失原意。

天汉三年（前98年）司马迁四十八岁，因李陵事
件而遭受腐刑。李陵事件始末，详见于《汉书》的
《李广传》和《司马迁传·报任安书》。汉名将李广之
孙李陵随贰师将军李广利出击匈奴，独率五千步卒，遭
遇匈奴八万骑兵，浴血奋战，兵败投降，"全躯保妻子
之臣随而媒蘖其短"。司马迁与李陵素无交往，观其为
人，察其形势，认为李陵是不得已而降，"且欲得其当
而报汉"，于是称说李陵之功，为之辩护。汉武帝大
怒，以为司马迁诋毁李广利，授意狱吏定司马迁为诬罔
君上的死罪。司马迁"家贫，财赂不足以自赎"。为了

完成伟大的著述，被迫接受宫刑，肉体和精神被严重摧残。蒙受奇耻大辱，迫使司马迁重新审视现实。这灾难不仅磨砺了他发愤为作的意志，而且增强了著述的批判精神。

司马迁出狱后，被任命为中书令。他忍受着极端的痛苦与愤懑，完成了《史记》的创作。

二

《史记》产生于儒学独尊的西汉中期，起初"藏之名山，副在京师"，并未即时流传于世。杨恽为昭帝丞相杨敞之子，自幼喜读外祖父司马迁之书，他是《史记》的第一个传播者。

《史记》原名《太史公书》、《太史公记》，或径称《太史公》。书中多次出现"史记"一词，都是泛指史书记载。直到唐朝编撰《隋书》才正式把《史记》列为书名。

今本《史记》一百三十篇，与《自序》相符。《汉书·司马迁传》云："十篇缺，有录无书。"三国魏人张晏注："迁没之后，亡《景纪》、《武纪》、《礼书》、《乐书》、《兵书》、《汉兴以来将相年表》、《日者列传》、《三王世家》、《龟策列传》、《傅靳列传》。元、成之间褚先生补缺，作《武帝纪》、《三王世家》、《龟策》、《日者传》，言辞鄙陋，非迁本意也。"《自序》文末司马贞《索隐述赞》亦云："惜哉残缺，非才妄续。"这位褚先生名少孙，是西汉元帝、成帝年间的博学之士。他崇拜司马迁，珍爱《史记》，为续补《史记》缺文，多方搜集资料，尽量揣测原意。凡续补之处大都标明"褚先生曰"，容易识别。续补内容基本符合原意，文辞笔法也有可观之处，如《滑稽列传》的"西门豹治邺"就颇为精彩。续补之文虽与原著存在差距，但也并非不可读。

《史记》的注释始于六朝而盛于唐。旧注流传至今者唯三家最为著名：刘宋裴骃的《史记集解》、唐司马贞的《史记索隐》、唐张守节的《史记正义》，合称《史记》三家注。三家注原本分别流传，北宋时合为一刻，将注释散列于正文之下。三家注虽然体例相近，但内容各有所长，《集解》广征博引，《索隐》探幽发微，《正义》详于地理，然而疏解正字始终是各家的重点。三家注补充了大量史料，纠正原著舛误，且《索隐》、《正义》对《集解》、《正义》对《索隐》，都有不少补充和纠正。三家注虽有不少缺点错误，但至今仍有重要意义。

《史记》的一百三十篇，分为十二本纪、十表、八书、三十世家、七十列传。《史记》五体是一个完整系统，明确分类，彼此互补，相得益彰。十表是国家大事记，有世表、年表、月表之分，明确划分历史阶段，扼要概括历史内容，创立了统计学的历史文体。八书是文化、经济诸项的分类史，包括礼、乐、律、历、天官、封禅、河渠、平准，全面叙述了各种社会制度的发展变革。本纪、世家、列传属于人物传记。本纪记帝王，世家记诸侯，列传记帝王、诸侯以外的名人。司马迁重视客观事实，名号并非唯一的划分标准。项羽、吕后实际行使帝王之权，因而立为本纪；孔子定六艺垂仪后世，陈涉反暴秦首难有功，因而把孔子和陈涉并立为世家；汉惠帝仁弱如傀儡，虽在位七年，《史记》也不予专载。这是求实精神的体现，与爱憎褒贬没有必然的联系。《史记》五体以本纪和表为经，以书、世家和列传为纬，交织成疏密有致的历史网络，纵向贯通西汉以前各个历史时代，横向统摄各个领域、各个阶层、各个民族、各种行业，反映的社会面极其广阔，因而《史记》既是以人物为中心的通史巨著，又兼具百科全书性质。

先秦时代的史书有文诰、编年、国别、谱谍等体例，司马迁的《史记》不但广泛运用了先秦史书的材料，而且适当借鉴了先秦史书的体例。《史记》五体有创新有变革，创制多于因革。系统的纪传体显示出非凡的优越性，先秦史书诸体便相形见绌，效仿《史记》者遂日益增多。《汉书》、《后汉书》、《三国志》、《宋书》、《南齐书》、《魏书》等，虽对《史记》五体有所变革，但全用纪传体。唐代国势强盛，文化繁荣，初唐时期就在禁中开设史馆，修撰前朝国史。所修晋、隋之间的八部史书，也全用纪传体，从此纪传体便成为历代正史的固定体例。《隋书·经籍志》设立史部，以《史记》为正史之首，自此宣告了《史记》对《春秋》的独立，确定了《史记》在史学史上的崇高地位。《史记》指导了中国二千年来正史的修撰，史官不能易其法，学者不能舍其书。漫长的中国古代社会逐渐溶为洋洋大观的二十四史，近三千八百卷，是世界史著海洋中最长的，而《史记》首开其先。

三

司马迁生活于诸子思想大融合的氛围中，自幼深受儒、道思想的熏陶，他的"一家之言"具有非儒非道，亦儒亦道的特征，这一特征贯穿于整部《史记》的内容。司马迁的政治思想体现为儒道互补：向往大同世界，排斥小国寡民；推崇无为而治，摒弃繁文缛礼；融合儒道尚德精神，抨击汉武帝诸项弊政。

11

　　《春秋公羊传·隐公元年》说："何谓乎王正月？大一统也。"《礼记·礼运》云："大道之行也，天下为公。"《春秋》的宗旨是尊崇统一，儒家的理想是大同世界。战国晚期儒者基于封建宗法思想，为新的统一提供依据，遂记载自黄帝至周代诸侯姓氏世系，编成《帝系》、《五帝德》。司马迁择其雅言，写入《史记》，用同一血统说将华夏各族统一于黄帝旗帜之下，热情描述尧舜禅让，以十二本纪为纲，统理上下三千年，扩充发扬了大一统精神。春秋五霸争夺盟主，战国七雄逐鹿中原，秦始皇兼并诸侯，汉武帝推恩削藩，是追求和维护统一，司马迁皆予以肯定；汉初功臣造反，惠帝时诸吕篡权，景帝时吴楚七国作乱，武帝时淮南衡山谋叛，是酝酿和制造分裂，《史记》皆予以谴责；揣测项羽为舜之苗裔，宣扬刘邦是龙的传人，表明他们都可以统一天下。

　　《货殖列传》序云："老子曰：'至治之极，邻国相望，鸡狗之声相闻，民各甘其食，美其服，安其俗，乐其业，至老死不相往来。'必用此为务，挽近世涂民耳目，则几无行矣！"道家小国寡民的政治理想，实质是分裂倒退到原始社会。司马迁指出这是堵塞人民的耳目，于当世行不通，显然是对道家政治理想的批判。

　　然而，司马迁却极力推崇黄老无为而治的政治方略：尚简易，黜繁缛；贵卑议，忌深文。《秦本纪》记载由余论治，将中国之乱归咎于诗书礼乐法度，赞赏戎夷之治简易："一国之政犹一身之治，不知所以治，此真圣人之治也！"《鲁周公世家》比较齐鲁之治，太公因俗简礼，伯禽变俗革礼，周公于是有"北面事齐"之叹。《齐太公世家》表彰太公之治，顺应自然，发展经济，人民归附，蔚为大国。《管晏列传》称誉管仲之治，论卑易行，因俗为政。"因祸而为福，转败而为功"。"知予之为取，政之宝也"。顺应自然规律，贯穿辩证思想，正是黄老特征。《汲郑列传》中的汲黯是黄老学派的典型，武帝时的持不同政见者，也是司马迁的代言人。汲黯正直少礼，清静无为，揭露公孙弘、张汤之流的奸诈残忍，面责汉武帝"内多欲而外施仁义"，切中要害，淋漓尽致。《孝文本纪》刻划理想的有德之君，文帝无为而治，兼具民本思想，是儒与道政治方略的结合。《孔子世家》充满高山仰止的崇敬之意，但却借助晏子批评孔子的繁文缛礼，谓"累世不能殚其学，当年不能究其礼"，恰与《货殖列传》批评老子相映成趣。这些显然是道家思想的体现。

《酷吏列传》序云："孔子曰：'导之以政，齐之以刑，民免而无耻；导之以德，齐之以礼，有耻且格。'老氏称：'上德不德，是以有德；下德不失德，是以无德。法令滋章，盗贼多有。太史公曰：信哉是言也！法令者治之具，而非制治清浊之源也。"司马迁并引孔子、老子两家，求同存异，以尚德观点为理论依据，抨击汉武帝的四大弊政：尊儒、重法、兴战、争利。《循吏列传》中的循吏奉职循理，不尚威严，便民安民，惠爱百姓，恰与酷吏形成鲜明对比。《游侠列传》序引庄子放论："窃钩者诛，窃国者侯，诸侯之门仁义存。"撕去当朝虚伪的儒学装饰，推许闾巷布衣之侠，"捍当世之文网"，寄意深远。司马迁还将陈涉起义与汤武伐桀纣、孔子修《春秋》相提并论，显示出顺民心反暴政的儒家精神，即孟子所谓"闻诛一夫纣矣，未闻弑君也"。

司马迁的哲学思想体现为儒道互补：主导方面是道家的宇宙观和朴素辩证法，总体意识未能摆脱春秋公羊学。他融合儒道人生哲理，形成了更为进步的人生观。

《论六家要旨》认为自然万物起源于混混冥冥的元气，元气产生万物之前没有一定的名称。"凡人所生者神也，所托者形也。神大用则竭，形大劳则敝，形神离则死。死者不可复生，离者不可复返"。

《史记》力求用人事说明人事，力避用天道解释社会。《项羽本纪》引老子观点批评项羽"自矜功伐"，指出"天亡我"之说极其荒谬。《伯夷列传》对"天道无亲，常与善人"之说提出质问："傥所谓天道，是邪非邪？"《蒙恬列传》认为蒙恬错在阿意兴功，苦毒百姓，"何乃罪地脉哉"！《封禅书》和《货殖列传》是两篇闪烁着唯物主义光辉的杰作，前者以纪实的手法，揶揄的笔调，讽刺鬼神之道的荒诞和汉武帝迷信神仙方士的愚蠢，实则宣扬无神论；后者夹叙夹议，完全撇开有神论，单从经济发展的角度阐释社会现象，在社会历史观方面作出了积极贡献。

然而司马迁的哲学思想与儒家春秋公羊说有不解之缘，始终存在着唯心的一面。《天官书》常常将星象与人事相比附，认为某些星辰的出现和变化会造成人类的祸福。《史记》有不少神灵怪异的描述。《史记》每遇难以解释的历史现象，便归于天命："此非天哉！""此亦天授！""岂可谓非天乎！"表明司马迁虽然力图反对天道论，但始终未能摆脱天人之学。

司马迁鄙视汉儒的势利，不取庄子的消极，其人生观的主旋律及是先秦儒家积极进取的阳刚精神，而以黄老抱朴守拙的阴柔特质为基调，讲究以进取为前提的谦让，是一种有机的结合。

司马迁的进取精神体现在崇尚儒家立德、立功、立言的"三不朽"，落脚为一个"名"字。陈涉首难，"死即举大名耳"；伯夷死义，"得夫子而名益彰"；范蠡"三迁皆有荣名，名垂后世"；伍员"隐忍就功名，名垂后世"；信陵君礼贤下士，"名冠诸侯"；蔺相如退让廉颇，"名重泰山"；刺客荆轲等"不欺其志，名垂后世"；游侠郭解等"修行砥名，名不虚立"。司马迁忍辱负重，发愤著书，也因为牢记着孔子遗训："君子疾没世而名不称焉！"

司马迁提倡谦虚退让，反对自矜功伐，注重于一个"让"字。《史记》五体开宗明义之篇俱以"嘉让"为主题。《五帝本纪》尧舜禅让，《吴太伯世家》太伯、仲雍、季札让位，《伯夷列传》中的伯夷、叔齐让国，《三代世表》《礼书》也以让为先，这就奠定了臧否人物的基调。《史记》表彰循吏"不伐功矜能"，游侠"不矜其能，羞伐其德"，肯定曹参、张良、陈平等人明哲保身，批判殷纣、秦始皇伐功矜能，指责项羽、韩信自矜功伐，都是这种基调的反响。

司马迁的生死观也体现为儒道互补。司马迁既重视生命的存在，更重视生死的意义，以实现人生价值为原则，不为节操而死，不为天年而生，主张生则顽强，能屈能忍，发愤为作；死则壮烈，死得其所，视死如归。这种生死观在评论伍子胥、蔺相如、魏豹、彭越、季布、栾布时阐述得精辟而透彻，而他自己更以西伯、仲尼、屈原、左丘明、孙膑、吕不韦、韩非及《诗经》

作者发愤为作的事例鞭策自励，完成《史记》的创作，实现了他的人生价值。司马迁的生死观比儒、道两家的生死观更为进步。

四

秦汉时期文学的概念很笼统，或泛指学术或特指儒学。司马迁为文学家屈原、贾谊、司马相如等人立传，收录评论他们的文学作品，形成了卓越的文学观。他注意到文学具有讽喻、教化、怨刺等功用，认为作家的人格和作品的风格具有统一性，提出了著名的"发愤为作说"。司马迁以毕生精力创作了中国第一部传记文学名著，形成了明晰的美学意识和独特的审美情趣。《史记》具有阳刚、悲壮、朴拙、含蓄之美，富于浓郁的悲剧气氛和抒情色彩，其传记文学的艺术成就令人叹为观止，在中国文学史上享有崇高的地位和深远的影响。

司马迁的人生是一幕悲剧，人生悲剧促使他严肃地探求历史人物在社会中的处境和作用，面对灾难和死亡作出哲学和艺术的思考，提炼出深刻的悲剧主题。《史记》中的悲剧作品超过三分之二，悲剧人物达一百多位，其余的作品和人物也程度不同地具有悲剧色彩，一些大规模屠杀和集体自杀虽着墨不多，却有力地点染了悲惨的历史背景，《史记》确是一部悲剧总汇。

《史记》中的悲剧以讴歌悲剧英雄为主，与司马迁人生哲学中崇尚"三不朽"的主旋律极为契合。这些人物都有悲剧性的人生经历和慷慨悲壮的英雄气质，而且都是悲惨的结局，或自杀，或被杀，或屡遭坎坷，抑郁而终，充分体现出悲壮之美。其中有的重在立德，坚守高风亮节，以某种道德理想支配生死，如伯夷、叔齐、孔子、屈原，以及下层社会的刺客、游侠；有的重在立功，才力超群，功劳盖世，遭受诬陷迫害或因自身某种失误而演成悲剧，如商鞅、吴起、韩非、李斯、白起、蒙恬、陈涉、项羽、韩信、黥布、李广、周亚夫等；重在立言者即《太史公自序》、《报任安书》所列举的发愤为作的人物，有的兼具立德或立功，为司马迁引为楷模。这些悲剧的深刻意义在于留给人们的是壮烈、奋起、深思和升华，而并非悲哀和消沉。

《史记》中的悲剧，既刻划悲剧英雄，也描写平庸无奇的牺牲品。晋太子申生受骊姬之谗而自杀，卫公子寿与太子伋争死，吕太后时戚夫人受嫉恨而惨遭凌迟，赵王如意被毒死，赵王友被饿死，赵王恢被逼迫自杀，景帝时废太子临江王荣被逼迫自杀，武帝时田蚡弄权害死窦婴和灌夫，钩弋夫人因其子立为太子而遭杀害，等等，人物无奇而事有可悲。此类悲剧的深刻意义在于撕去温情脉脉的伦理面纱，充分揭示统治集团内部争权夺利，自相残杀的本质，以启迪人们的深思。《卫康叔世家》论赞云："或父子相杀，兄弟相灭，亦独何哉？"启迪深思之意溢于言表，并且具有悲剧的审美意义。

此外，《史记》具有浓厚的抒情色彩。司马迁是一位情感丰富的史学家，也是一位诗人；《史记》是震古铄今的史诗，也是愤激郁勃的抒情诗。情感是司马迁的本质，《史记》是情感的渲泄。

诗有诗的韵律，外在的韵律是抑扬和叶韵，内在的韵律是情绪的消涨。激荡于《史记》的内在韵律，是渴望君臣相和、维是而安的理想美政，痛恨酷法淫威、蝇营狗苟的社会现实；《史记》是企慕礼贤下士、虚己求贤的君子风范，所以司马迁唾弃趋炎附势、尔虞我诈的小人行径；《史记》歌颂豪迈进取、不矜功伐的仁人志士，悲悯怀才不遇、惨遭厄运的英雄俊杰。感慨啸歌，大有燕赵烈士之风；愁郁幽思，则直与《离骚》媲美。《史记》外在的韵律表现为多种抒情方式。叙事议论与抒情相结合，为《史记》特点之一。寓论断于叙事，借助人物议论评判，字里行间显出作者鲜明的爱憎。寄寓较多的作品则夹叙夹议，直抒胸臆。《史记》中的"太史公曰"或为序或为赞，抒情性很强，往往是文眼龙睛所在，其他史著亦笑颦学步，却不能如太史公之匠心任气，言出肺腑。《史记》常引用楚辞似的短诗，描绘演唱的情景，声情并茂，情景交融，更增抒情色彩。伯夷、叔齐的《采薇歌》、荆轲的《易水歌》、项羽的《垓下歌》、刘邦的《大风歌》和《鸿鹄歌》、刘彻的《瓠子歌》、赵王刘友的《饿死歌》、朱虚侯刘章的《耕田歌》等，皆为此类。这些诗歌多为司马迁"笔补造化，代为传神"，也是一种抒情方式。

人物刻划是《史记》传记文学最为重要的艺术成就，也充分显示出司马迁的艺术天才。《史记》记载历史人物，必须本着历史的真实。司马迁慎重甄别史料，严格尊重史实，勤于实地考察，勇于秉笔直书，惩恶不避人主，扬善不遗匹夫，作品选材精当，剪裁合理，力求真实而生动地反映人物的本质性格。为统一主题和形象，兼顾避讳与疾恶，减少重复叙事，《史记》常使用"互见法"。利用各种事例进行对比，文笔凝炼精彩。

实录中的虚构使《史记》具有小说因素，虚构的动作细节和人物语言增强了作品的故事性、戏剧性，同时也增强了人物形象的真实感。《史记》中细节虚构颇多，主要包括两种：一是小事特写，作为明题点睛；二是大事细写，使之生动传神。《李斯列传》观鼠论鼠，显其功名欲望；《酷吏列传》捕鼠劾鼠，见其酷吏本色。《留侯世家》写圯上进履，《陈丞相世家》写社宰分肉，《淮阴侯列传》写胯下之辱，皆以微事置传首，彰其志而明其性。《万石列传》写石奋家风，石建书马，满脸惶恐；石庆数马，一身恭谨，都是点睛之笔。《高祖本纪》写广武对峙，刘邦数项羽十罪，项羽射刘邦一箭，"汉王伤胸，乃扪足曰：'虏中吾指！'"充分展现出刘邦的沉着老练。《淮阴侯列传》中韩信欲为假王一节，张良、陈平蹑足耳语，刘邦骂而悟，悟而复骂，将四人机心刻划得维妙维肖。这些都是大事件中的细腻描写，这种描写最能展示人物的个性。某些细节描写兼有夸张，如《项羽本纪》中写樊哙"瞋目视项王，头发上指，目眦尽裂"等，都写得极为生动。

细节描写常与个性化的人物语言密不可分。项羽看见秦始皇，脱口而出"彼可取而代也！"刘邦看见秦始皇，喟然长叹"大丈夫当如此也！"陈涉与人佣耕时叹息"燕雀安知鸿鹄之志哉！"意思一样，语言却有外露、含蓄、隐晦之别，细致地表现了人物的不同性格。刘邦曾与多人对话，有倨傲之语、谦卑之语、顿悟之语、狡辩之语，然一语始出，便知是刘邦之语，可见《史记》人物语言的个性化已臻至境。

《史记》善于揭示矛盾冲突，在激烈的矛盾冲突中展示人物性格。如《魏其武安侯列传》就揭示了四种矛盾：一是皇亲国戚之间的明争，二是皇帝与母后、祖母之间的暗斗，三是尊儒术与好黄老的统治思想对立，四是老百姓与统治者的阶级对立。总之，《史记》的每一个人物都是在尖锐激烈的矛盾冲突之中得到成功刻划的。

对比反衬是《史记》刻划人物的重要方法，其中隐含臧否，明确此法，便容易理解作品。如《万石张叔列传》，孤立地看似乎是表彰恭谨笃行，与《张释之冯唐列传》表彰犯颜直谏相比较，便知是嘲讽石奋之流尸位素餐。《平津侯主父列传》写公孙弘为伪饰儒术而苟合取容，《汲郑列传》写汲黯学黄老之术而面折庭争，两相比较便知是厌弃儒法合流的政治。《项羽本纪》与《高祖本纪》、《循吏列传》与《酷吏列传》，《游侠列传》与《儒林列传》，以及战国四公子列传等，俱见对比反衬之妙。这说明对比反衬之法使人物各显神韵，读时同样仍须比较，方能领略佳妙真意。以上说明《史记》以多种艺术手法刻划的历史人物栩栩如生，所以能够在过去、现在和将来，不断地与不同时代、不同国度的人们进行着对话，交流着感情。身为炎黄子孙，不读《史记》实为人生一大憾事。

政　略

秦国统一天下

（秦始皇）分天下以为三十六郡，郡置守、尉、监。更名民曰"黔①首"。大酺②。收天下兵，聚之咸阳，销以为钟鐻③，金人十二，重各千石，置廷宫中。一法度衡石丈尺。车同轨。书同文字。地东至海暨朝鲜，西至临洮、羌中，南至北向户，北据河为塞，并阴山至辽东。徙天下豪富于咸阳十二万户。诸庙及章台、上林皆在渭南。秦每破诸侯，写放其宫室④，作之咸阳北阪⑤上，南临渭，自雍门以东至泾、渭，殿屋复道周阁相属。所得诸侯美人钟鼓，以充入之。

（《史记·秦始皇本纪》）

【注释】

①黔：黑色。②酺（pú）：聚会饮酒。③鐻（jù）：悬挂钟的架子的两侧之柱。④写放其宫室：模仿、依照其宫室制度。⑤阪：山坡。

【译文】

（秦始皇）把天下分成三十六郡，每郡设郡守、丞尉、监御史。秦改称老百姓为黔首，让人民饮酒聚乐，没收天下的兵器，都聚集到咸阳，熔化后铸成窑钟等乐器，又造十二座铜人，每个有千石重，放置到宫廷里。同时制定法律制度以及长度、重量、容量的标准，车辆的轨距一律相同，废各国不同的文字，采用统一的文字。秦国疆域东到大海及朝鲜，西到临洮、羌中一带，南到北向户地区，北方据守黄河作关塞，兼并阴山直达辽东。把国内12万户权豪富贵家族迁移到咸阳。诸先祖庙及章台、上林苑都在渭河以南。秦每破一个诸侯国，就仿照该国的宫殿样子在咸阳北坡上建造一座，南临渭水，从雍门以东到泾水、渭水交汇之处，那些宫殿房屋林立交错相接。所掳获的美女钟鼓都放入宫殿之中。

张良谏阻复六国

汉三年①，项羽急围汉王荥阳，汉王恐忧，与郦食其谋桡楚权②。食其曰："昔汤伐桀，封其后于杞③。武王伐纣，封其后于宋④。今秦失德弃义，侵伐诸侯社稷，灭六国之后，使之无立锥之地。陛下诚能复立六国后世，毕已受印，此其君臣百姓必皆戴陛下之德，莫不乡⑤风慕义，愿为臣妾。德义已行，陛下南乡称霸，楚必敛衽而朝。"汉王曰:"善。趣刻印,先生因行佩之矣。"

食其未行,张良从外来谒。汉王方食,曰:"子房⑥前!客有为我计桡楚权者。"具以郦生语告曰:"于子房何如?"良曰:"谁为陛下画此计者?陛下事去矣。"汉王曰:"何哉?"张良对曰:"臣请藉前箸为大王筹之。"曰:"昔者汤伐桀而封其后于杞者,度能制桀之死命也。今陛下能制项籍之死命乎?"曰:"未能也。""其不可一也。武王伐纣封其后于宋者,度能得纣之头也。今陛下能得项籍之头乎?"曰:"未能也。""其不可二也。武王入殷,表商容⑦之闾,释箕子⑧之拘,封比干⑨之墓。今陛下能封圣人之墓,表贤者之闾,式智者之门乎?"曰:"未能也。""其不可三也。发钜桥⑩之粟,散鹿台⑪之钱,以赐贫穷。今陛下能散府库以赐贫穷乎?"曰:"未能也。""其不可四矣。殷事已毕,偃革为轩,倒置干戈,覆以虎皮,以示天下不复用兵。今陛下能偃武行文,不复用兵乎?"曰:"未能也。""其不可五矣。休马华山之阳,示以无所为。今陛下能休马无所用乎?"曰:"未能也。""其不可六矣。放牛桃林之阴⑫,以示不复输积。今陛下能放牛不复输积乎?"曰:"未能也。""其不可七矣。且天下游士离其亲戚,弃坟墓,去故旧,从陛下游者,徒欲日夜望咫尺之地。今复六国，立韩、魏、燕、赵、齐、楚之后，天下游士各归事其主，从其亲戚，反^⑬其故旧坟墓，陛下与谁取天下乎？其不可八矣。且夫楚唯无强，六国立者复桡而从之，陛下焉得而臣之？诚用客之谋，陛下事去矣。"汉王辍食吐脯，骂曰："竖儒，几败而公事！"令趣销印。

（《史记·留侯世家》）

【注释】

①汉三年：公元前 204 年。②"与郦"句：郦食其（lì yì jī），高阳（今河南杞县）人，跟从刘邦，以游说立功，后被齐王田广烹杀。桡，通"挠"，削弱。③杞：今河南杞县。④宋：约今河南商丘。⑤乡：通"向"。⑥子房：张良字子房。古人称字以示尊敬。⑦商容：商纣王时大夫，进谏被贬。⑧箕子：名胥余，纣的堂叔，任大师，进谏无效，为免祸佯狂，但仍被纣囚禁。⑨比干：纣的叔父，任少师，因屡次劝谏而被剖心。⑩钜桥：纣的粮仓，在今河北曲周县东北。⑪鹿台：又称南单台，是纣储存财物的地方，在今河南淇县。⑫"放牛"句：桃林，今河南灵宝县西。阴，山北水南为阴，山南水北为阳。⑬反：通"返"。

【译文】

汉三年，项羽紧紧地将汉王（指刘邦）包围在荥阳，汉王极度恐惧忧虑，和郦食其商议如何削弱楚国的力量。郦食其说：
"以前商汤讨伐夏桀，封夏的后人于杞。武王讨伐商纣，封商
的后人于宋。现在秦失德弃义，侵伐诸侯各国，诛灭六国的后
代，使他们没有安身之地。陛下如果真能重新封立六国的后代，
让他们都接受印玺，那么，六国的君臣百姓必定都对陛下感恩
戴德，无不向往陛下的威望而敬慕陛下的德义，甘愿为臣仆。
德行恩义既已推行，陛下再南面称霸，楚王一定会恭敬地整敛
衣襟来朝见你。"汉王说："很好。马上刻印，先生好把印玺带
上起程。"

郦食其还没有动身，张良从外面回来拜见。汉王正在吃饭，
说："子房你过来！有位客人为我谋划了削弱楚国力量的方
法。"就将郦生的话全都告诉了张良，问："子房你看来如何？"
张良说："谁为陛下出的这个计策？陛下的大事坏了。"汉王
问："为什么？"张良回答说："请让我借大王面前的筷子，为
大王算一算这条计谋的失误之处。"张良接着说："以前商汤伐
灭夏桀，却封夏的后代于杞，是估计到能置桀于死地。现在陛
下能置项籍于死地吗？"汉王答道："不能。""这是其计不可取
的第一点理由"。"周武王伐灭商纣，而封商的后代于宋，是估
计到能取纣的头颅。现在陛下能取到项籍的头颅吗？"汉王答
道："不能。""这是其计不可取的第二点理由。武王攻入商都
后，旌表商容的里门，释放被囚的箕子，在比干墓上培土致敬。
现在陛下能在圣人墓上培土，在贤士门前旌表，在智者门前致
敬吗？"汉王答道："不能。""这是此计不可行的第三个理由。
武王发放钜桥的储粮，散去鹿台的钱财，以之赐给贫穷的百姓。

现在陛下能散发府库的钱粮赐给贫穷百姓吗?"汉王答道:"不能。""这是此计不可行的第四个理由。武王在灭商的战争结束后,将战车改为平时乘用的车,倒放兵器并蒙上虎皮,向天下表示不再用兵。现在陛下能偃息武事施行文治,不再用兵吗?"汉王答道:"不能。""这是此计不可行的第五个理由。武王放马于华山南麓,表示马匹不再用于战场。现在陛下能放养骏马不用于战场吗?"汉王答道:"不能。""这是此计不可行的第六个理由。武王放牛于桃林山北麓,表示不再需要牛来运输粮草。现在陛下能放牛而不再运输粮草吗?"汉王答道:"不能。""这是此计不可行的第七个理由。况且如今天下游士告别他们的亲人,舍弃祖先的坟墓,离开故交旧友,追随陛下南征北战,只是常常希望有尺土寸地的封赐。如果现在复立六国,册立韩、魏、燕、赵、齐、楚的后代为王,那末天下游士各自回国奉事他们的君王,跟从他们的亲人,返回故乡去供奉祖先的坟墓,重新结交旧时的朋友,那么陛下依靠谁来夺取天下呢?这是此计不可行的第八个理由。而且现在没有比楚国更强大的,六国复立的君主又会因国势削弱而顺从它,陛下又怎能控制大局,使他们俯首称臣?如果真采纳那位客人的计谋的话,陛下的大事就完了。"汉王停止进食,吐出口中肉脯,骂道:"这儒生小子,几乎败坏了老子的大事!"下令赶快销毁印玺。

高祖封功臣

上已封大功臣二十余人,其余日夜争功不决,未得行封。上在洛阳南宫，从复道^①望见诸将往往相与坐沙中语。上曰："此何语？"留侯曰："陛下不知乎？此谋反耳。"上曰："天下属^②安定，何故反乎？"留侯曰："陛下起布衣，以此属取天下，今陛下为天子，而所封皆萧、曹故人所亲爱，而所诛者皆生平所仇怨。今军吏计功，以天下不足遍封，此属畏陛下不能尽封，恐又见疑平生过失及诛，故即相聚谋反耳。"上乃忧曰："为之奈何？"留侯曰："上平生所憎，群臣所共知，谁最甚者？"上曰："雍齿^③与我故，数尝窘辱我。我欲杀之，为其功多，故不忍。"留侯曰："今急先封雍齿以示群臣，群臣见雍齿封，则人人自坚矣。"于是上乃置酒，封雍齿为什方^④侯，而急趣丞相、御史定功行封。群臣罢酒，皆喜曰："雍齿尚为侯，我属无患矣。"

（《史记·留侯世家》）

【注释】

①复道：楼阁间上下的通道。②属（zhǔ）：刚刚，近，适逢。③雍齿：沛（今江苏沛县）人，随刘邦起兵，一度叛去，反复归。④什方：今四川什邡县。汉高祖封此地为雍齿的侯国。

【译文】

高祖已封立了大功臣二十多人，其他的人日夜争功而没有结果，没能封赏。高祖在洛阳南宫，从复道上望见将领们常常聚坐在沙地上互相谈论。高祖问："这是在说什么呀？"留侯（指张良）说："陛下不知道吗？这是在谋反呀。"高祖说："天下才刚安定，为什么要谋反呢？"留侯说："陛下出身平民，依靠这些人取得天下，现在陛下成为天子，而所封赏的都是萧何、曹参这些亲信喜爱的故人，所诛杀的都是生平仇怨之人。现在军吏计算功劳，认为天下的土地不够封赐所有的功臣，这些人担心陛下不能全部封赐，又恐怕自己过去所犯的过错被陛下猜疑以至于遭到诛杀，所以便相聚谋反。"高祖于是担忧地说："该怎么办呢？"留侯问："皇上生平所憎恨，且为群臣共知的人中，谁是最恨的？"高祖说："雍齿与我本有积怨，又曾几次侮辱我使我难堪。我本想杀他，因他功劳多，故此不忍下手。"留侯说："现在赶紧先封赐雍齿以昭示群臣。群臣看见雍齿受封，就会心安了。"于是高祖便设宴，封雍齿为什方侯，并催促丞相、御史赶快论定群臣的功劳来进行封赐。群臣吃完酒宴，都高兴地说："雍齿尚且被封为侯，我们不用担忧了。"

轩辕黄帝定华夏

黄帝①者，少典②之子，姓公孙，名曰轩辕③。生而神灵，弱④而能言，幼而徇齐⑤，长而敦敏⑥，成而聪明。

轩辕之时，神农氏世衰。诸侯相侵伐，暴虐百姓，而神农氏弗能征。于是轩辕乃用干戈，以征不享⑦，诸侯咸来宾从。而蚩尤⑧最为暴，莫能伐。炎帝欲侵陵诸侯，诸侯咸归轩辕。轩辕乃修德振兵，治五气，艺五种，抚万民，度四方，教熊罴貔貅貙虎⑨，以与炎帝战于阪泉之野。三战，然后得其志。蚩尤作乱，不用帝命。于是黄帝乃征师诸侯，与蚩尤战于涿鹿之野，遂禽杀蚩尤。而诸侯咸尊轩辕为天子，代神农，是为黄帝。天下有不顺者，黄帝从而征之，平者去之，披山通道，未尝宁居。

（《史记·五帝本纪》）

【注释】

①黄帝：传说中的华夏及周边各族的共同祖先，以土德王，土色黄，故称黄帝。②少典：传说为有熊氏部落之首领。③轩辕：为黄帝所居之地（在今河南新郑县西北），因亦以轩辕称黄帝。④弱：婴孩未满七旬。⑤徇齐：通“迅疾”，指黄帝思维敏捷。⑥敦敏：敦厚知理。⑦不享：不上朝贡物。⑧蚩尤：黄帝时代一个暴虐乱世的部落首领，后为黄帝擒杀。⑨熊罴（pí）貔（pí）貅（xiū）貙（chū）虎：借六种猛兽图腾代指各部落。

【译文】

黄帝是少典的儿子，姓公孙，名号为轩辕。他一生来就神奇灵异，不到七旬就能说话，幼小时反应敏捷，长大后敦厚知理，成年后聪慧明达。

在轩辕时代，炎帝神农氏开始衰弱。各地诸侯互相争战，残害百姓，然而神农氏无力征伐平定。于是轩辕就动用武力，征讨不来朝贡的诸侯，四方诸侯都来归顺臣服于神农氏。但蚩尤最为暴烈，没有谁能讨伐他。后来，炎帝要侵犯诸侯，诸侯们纷纷归顺轩辕。轩辕于是修明德治，大振武功，研究五气，栽种五谷，安抚万民，平定四方，教化熊、罴、貔、貅、䝙、虎诸族，用来与炎帝决战于阪泉之野。三度交战，终于战胜炎帝，实现壮志。只有蚩尤为非作乱，不听从命令。于是黄帝向各诸侯征集大军，与蚩尤交战于涿鹿之野，终于擒杀蚩尤。诸侯们都尊拜轩辕为天子，以取代神农氏，这就是黄帝。天下有不顺从的，黄帝就前去征伐他。平定之后就舍弃而去。他率领天下人民披荆斩棘，开山通道，从没过过一天安宁舒适的日子。

尧禅让天下与舜

帝尧者，放勋。其仁如天，其知如神。就之如日，望之如云。富而不骄，贵而不舒①。黄收②纯衣，彤车乘白马。能明驯③德，以亲九族。九族既睦，便章④百姓。百姓昭明，合和万国。……

尧立七十年得舜，二十年而老，令舜摄行天子之政，荐之于天。尧辟位⑤凡二十八年而崩。百姓悲哀，如丧父母。三年，四方莫举乐，以思尧。尧知子丹朱之不肖，不足授天下，于是乃权授舜。授舜，则天下得其

利而丹朱病⑥；授丹朱，则天下病而丹朱得其利。尧曰
"终不以天下之病而利一人"，而卒授舜以天下。

（《史记·五帝本纪》）

【注释】

①舒：骄傲，放肆。②收：冠冕，帽子。③驯：通"顺"，和顺。④便章：平判彰明。便，即辨，明确分辨。章，通"彰"。⑤辟位：避位，传让帝位。⑥病：痛苦。

【译文】

帝尧叫放勋。他的仁德如天一样浩荡，他的智慧如神一样高远。接近他如日和煦，远望他若锦云璀璨。他富有却不骄纵，显贵却不傲慢。他戴着黄帽身着黑服，乘着白马拉着的红车。他能够倡明柔顺的美德，来亲和九族。九族既已和睦，又平判彰明百官诸姓的治绩。这样百官的治绩昭著显明，自然亲和团结万国为一体。……

尧在帝位七十年得到舜为臣，又过了二十年告老，让舜代行天子之职，把他推荐给上天。尧避位禅让给舜，二十八年后才崩驾。全国老百姓悲痛哀伤，如同丧失父母。如是三年，天下不奏乐，以示对尧的怀念。尧知道儿子丹朱不贤，不能把天下交给他，于是将权柄传给舜。将天下交给舜治理，那么天下之人获得他的好处而让丹朱痛苦；如果将天下传给丹朱，那么天下人就会痛苦不堪而让丹朱获得好处。尧权衡道"终究不能让全天下人痛苦而造福一个人"，所以，他终于决定把天下交给舜。

御 人

毛遂自荐

秦之围邯郸，赵使平原君①求救，合从于楚②，约与食客门下有勇力文武备具者二十人偕。……得十九人，余无可取者，……门下有毛遂者，前，自赞于平原君曰："遂闻君将合从于楚，约于食客门下二十人偕，不外索。今少一人，愿君即以遂备员而行矣。"平原君曰："先生处胜之门下几年于此矣？"毛遂曰："三年于此矣。"平原君曰："夫贤士之处世也，譬若锥之处囊中，其末立见。今先生处胜之门下三年于此矣，左右未有所称诵，胜未有所闻，是先生无所有也。先生不能，先生留。"毛遂曰："臣乃今日请处囊中耳。使遂蚤③得处囊中，乃脱颖而出，非特其末见而已。"平原君竟与毛遂偕。十九人相与目笑之而未废也。

毛遂比至楚，与十九人论议，十九人皆服。平原君与楚合从，言其利害，日出而言之，日中不决。十九人谓毛遂曰："先生上。"毛遂按剑历阶而上，谓平原君曰："从之利害，两言而决耳。今日出而言从，日中不决，何也？”楚王谓平原君曰："客何为者也？"平原君曰："是胜之舍人也。"楚王叱曰："胡不下！吾乃与而君言，汝何为者也！"毛遂按剑而前曰："王之所以叱遂者，以楚国之众也。今十步之内，王不得恃楚国之众也，王之命悬于遂手。吾君在前，叱者何也？且遂闻汤以七十里之地王天下，文王以百里之壤而臣诸侯，岂其士卒众多哉？诚能据其势而奋其威。今楚地方五千里，持戟百万，此霸王之资也。以楚之强，天下弗能当。白起，小竖子耳，率数万之众，兴师以与楚战，一战而举鄢、郢，再战而烧夷陵，三战而辱王之先人④。此百世之怨，而赵之所羞，而王弗知恶焉。合从者为楚，非为赵也。吾君在前，叱者何也？"楚王曰："唯！唯！诚若先生之言，谨奉社稷而以从。"毛遂曰："从定乎？"楚王曰："定矣。"毛遂谓楚王之左右曰："取鸡狗马之血来。"毛遂奉铜槃而跪进之楚王曰："王当歃血⑤而定从，次者吾君，次者遂。"遂定从于殿上。……

平原君已定从而归，归至于赵，曰："胜不敢复相士。胜相士多者千人，寡者数百，自以为不失天下之士，今乃于毛先生而失之也。毛先生一至楚，而使赵重于九鼎大吕⑥。毛先生以三寸之舌，强于百万之师。胜不敢复相士。"遂以为上客。

（《史记·平原君列传》）

【注释】

①平原君：名赵胜，赵武灵王的儿子，赵惠文王的弟弟，战国四公子之一。②"合从（zòng）"句：即推楚国为盟主，约定东方国家联合起来，共同抵抗秦国。从，通"纵"。③蚤：通"早"。④"一战"三句：公元前279年，秦将白起取楚之鄢、郢。第二年，白起烧夷陵（楚之先王坟墓，在今湖北宜昌市东）。实际上是两次战役。⑤歃血（shà xuè）：古人盟誓时一种仪式，宰杀牲畜，将血涂在嘴上（亦说饮血）表示诚意。⑥"而使"句：九鼎，古代象征国家政权的9个大鼎，相传是夏禹所铸。大吕，大钟，亦是传国宝器。

【译文】

秦国包围了邯郸，赵国派平原君出外求援，去楚国定合纵之约，平原君准备挑选门客中有勇有谋、文武双全的20人陪同前往。……选出19人，剩下的人没有合格的，……门客中有个叫毛遂的，向平原君自荐说："我听说你将要到楚国去订合纵之约，打算在门客中挑选20人陪同前往，不求外人。现在还少一人，希望你让我毛遂充数前往。"平原君问："先生到我门下有几年了？"毛遂说："3年了。"平原君说："贤能的人生活在世上，好比锥子装在口袋里，它的尖端马上就会显露出来。先生来到我门下3年，左右的人没有称颂你的，我也从未听到过称颂你的话，这说明先生你并没有什么长处。先生没有才能，还是留下来吧。"毛遂说："请你将我装在口袋里。如果让我毛遂早点被装在口袋里，那么锥柄都会露出来，而不仅仅是它的尖端露出来而已。"平原君最终同意毛遂同行了。19个人都嘲笑他，但没有阻止他去。

　　毛遂将要到达楚国时，和同行19人交谈辩论，19个人都折服了。平原君与楚王商议合纵之约，说明这事的利害关系，从早晨到下午一直商讨。19个人对毛遂说："先生你上去吧。"毛遂按剑拾级而上，对平原君说："合纵的利害关系，几句话就可以说得明白。现在从清晨开始商讨合纵之约，到中午还不能决定，不知为什么？"楚王问平原君："这人是干什么的？"平原君说："是我的门客。"楚王呵斥道："还不下去！我和你的主人谈话，你来干什么！"毛遂手按着剑走上前来说："大王你呵斥我毛遂，无非是仗着楚国人多势众。现在十步之内，大王无法倚仗楚国的强大，你的性命掌握在我的手里。我的君长在场，你凭什么呵斥我？况且我听说商汤以70里的地盘而称王天下，周文王以百里的疆域而使诸侯臣服，难道是因为他们的军队多吗？实在是能依据有利的形势而奋发威勇。现在楚国方圆5000里，军队百万，这是称霸为王的凭借。凭楚国的强大，应该是天下无敌。白起，不过是个小人，率领数万人的军队，发兵来攻打楚国，一战而攻取鄢、郢两城，二战烧毁了夷陵，三战而侮辱了大王的祖先。这是世世代代的深仇，连赵国都以此为羞耻，大王却不知羞耻痛恨。合纵是为了楚国的利益，不只是为了赵国。当着我君长在面前，你凭什么呵斥我！"楚王说："是的！是的！实在应当像先生所说，谨以国家的名义订立纵约。"毛遂问："合纵的事可以决定了吗？"楚王说："决定了。"毛遂对楚王身边的人说:"拿鸡、狗、马血来。"毛遂自己捧着盛血的铜盘,跪着献给楚王,说:"大王应当首先歃血订立合纵之约,接着是我的君长,再是我毛遂。"于是在殿堂上订立了纵约。……

平原君订立了合纵盟约,返回到赵国,说:"我不敢再品评士人了。我品评的士人多说有上千,少说也有几百,自以为没有埋没天下的贤能之人,这次却将毛先生漏掉了。毛先生一到楚国,便使得赵国的地位比九鼎大钟还重要。毛先生的三寸之舌,强于百万之众的军队。我不敢再品评士人了。"于是待毛遂为上宾。

萧何月下追韩信

信数与萧何语,何奇之。至南郑,诸将行道亡者数十人,信度何等已数言上,上不我用,即亡。何闻信亡,不及以闻,自追之。人有言上曰:"丞相何亡。"上大怒,如失左右手。居一二日,何来谒上,上且怒且喜,骂何曰:"若亡,何也?"何曰:"臣不敢亡也,臣追亡者。"上曰:"若所追者谁?"何曰:"韩信也。"上复骂曰:"诸将亡者以十数,公无所追;追信,诈也。"何曰:"诸将易得耳,至如信者,国士无双。王必欲长王汉中,无所事信;必欲争天下,非信无所与计事者。顾王策安所决耳。"王曰:"吾亦欲东耳,安能郁郁久居此乎?"何曰:"王计必欲东,能用信,信即留;不能用,信终亡耳。"王曰:"吾为公以为将。"何曰:"虽为将,信必不留。"王曰:"以为大将。"何曰:"幸甚!"于是王欲召信拜之。何曰:"王素慢无礼,今拜大将如呼小儿耳,此乃信所以去也。王必欲拜之,择良日,斋戒,设坛场①,具礼,乃可耳。"王许之。诸将皆喜,人人各自以为得为大将。至拜大将,乃韩信也,一军皆惊。

(《史记·淮阴侯列传》)

【注释】

①坛场:高台广场。举行盛大仪式典礼时所用。

【译文】

韩信和萧何交谈过多次,萧何很赏识他。到了南郑,将领们在半路上逃亡的有几十人,韩信想萧何等人已多次向汉王推荐自己,汉王仍不重用自己,也跟着逃走了。萧何听说韩信逃走,来不及报告汉王,就亲自去追赶他。有人对汉王说:"丞相萧何逃走了。"汉王大怒,好像失去了左右手。过了一两天,萧何回来拜见汉王,汉王又气又乐,骂萧何说:"你逃走,为的什么?"萧何说:"我不敢逃跑,我是追赶逃跑的人。"汉王问:"你追的人是谁?"萧何说:"韩信。"汉王又骂道:"将领们逃走的有数十人,你没有追,却追赶一个韩信,不过是借口。"萧何说："那样的将领容易得到，至于像韩信这样的人，是举国无双的奇才。大王一定要长久地在汉中为王，那就没有什么地方用得着韩信；如果一定要争夺天下，那么除了韩信就没有能共商大计的人。这要看大王如何定夺了。"汉王说："我也想东进夺取天下啊，怎么能郁郁不乐地长久住在这儿呢？"萧何说："大王决计一定要东进，要是能重用韩信，韩信便会留下来；不能，他终究还是会逃走的。"汉王说："我就看在你面上任他为将领吧。"萧何说："虽然被任命为将领，韩信必定也不会留下来。"汉王说："任他为大将。"萧何说："那太好了！"于是汉王要召来韩信拜他为大将。萧何阻止说："大王一向傲慢无礼，现在任命大将就像叫小孩一样，这就是韩信离去的原因。大王若真要任用他为大将，应当选择良辰吉日，斋戒之后，设立坛场，完备礼节，那才可以。"汉王同意了。将领们听到这消息都很高兴，人人都自以为会担任大将之职。到拜大将时，却是韩信，全军都很吃惊。

五羖大夫百里奚

五年，晋献公灭虞、虢，虏虞君与其大夫百里奚，以璧马赂于虞故也。既虏百里奚，以为秦穆公夫人媵于秦。百里奚亡秦走宛，楚鄙人执之。穆公闻百里奚贤，欲重赎之，恐楚人不与，乃使人谓楚曰："吾媵臣百里奚在焉，请以五羖羊皮赎之。"楚人遂许与之。当是时，百里奚年已七十余。穆公释其囚，与语国事。谢曰："臣亡国之臣，何足问！"穆公曰："虞君不用子，故亡，非子罪也。"固问，语三日，穆公大悦，授之国政，号曰五羖大夫。百里奚让曰："臣不及臣友蹇叔，蹇叔贤而世莫知。臣常游困于齐而乞食铚人，蹇叔收臣。臣因而欲事齐君无知，蹇叔止臣，臣得脱齐难，遂之周。周王子颓好牛，臣以养牛干之。及颓欲用臣，蹇叔止臣，臣去，得不诛。事虞君，蹇叔止臣。臣知虞君不用臣，臣诚私利禄爵，且留。再用其言，得脱；一不用，及虞君难：是以知其贤。"于是穆公使人厚币①迎蹇叔，以为上大夫。

（《史记·秦本纪》）

【注释】

①厚币：很贵重的财物。

【译文】

秦穆公五年，晋献公用璧玉骏马贿赂虞国借道，从而灭掉虞、虢两国，并虏获虞国国君和他的大夫百里傒。晋献公把百里傒虏获后，将他作秦穆公夫人的陪嫁仆役送到秦国。百里傒离开秦国逃到宛，被楚国乡下人捉到。秦穆公听说百里傒有贤才，想用重金赎回他，怕楚国不放过他，于是派人对楚国人说："我国陪嫁仆役百里傒，正在楚国，请允许让我们用五张黑公羊皮来赎回他。"楚国人就答应了。这时候，百里傒已经七十多岁了。秦穆公亲自释放了他，并和他讨论国家大事。百里傒辞谢说："我是亡国之臣，哪还值得问呢?"秦穆公说："虞君不任用你，所以亡国，这并非你的罪过呀。"一定要向他请教，这样谈了三天，秦穆公非常高兴，交给他国家政事，号封为五羖大夫。百里傒谦让道："我不及我友蹇叔，蹇叔贤能却无人知道他。我常游历困窘在齐国并向侄人乞讨，蹇叔收留了我。我原想替齐王无知做事，蹇叔阻止我，我因之而脱免于齐国内乱到周室。周王子颓喜欢牛，我用养牛术取悦王子谋官职。等到颓想用我时，蹇叔阻止我，我离开周室，幸免于难。我服侍虞君，蹇叔阻止我。我知道虞君不任用我，我的确贪图私利禄爵，就留下来了。我一再听其善言，结果脱离危害灾难;一旦不听其建议，就遭逢了虞君之难:由此我知道蹇叔贤慧。"于是秦穆公派人用厚重礼物迎接蹇叔，封为上大夫。

法 制

萧规曹随

参①始微时，与萧何善，及为将相，有郤②。至何且死，所推贤唯参。参代何为汉相国，举事无所变更，一遵萧何约束。

择郡国吏木诎于文辞，重厚长者，即召除为丞相史。吏之言文刻深，欲务声名者，辄斥去之。日夜饮醇酒。卿大夫已下吏及宾客见参不事事，来者皆欲有言。至者，参辄饮以醇酒，间之，欲有所言，复饮之，醉而后去，终莫得开说③，以为常。

相舍后园近吏舍，吏舍日饮歌呼。从吏恶之，无如之何，乃请参游园中，闻吏醉歌呼，从吏幸相国召按之④。乃反取酒张坐饮，亦歌呼与相应和。

参见人之有细过⑤，专掩匿覆盖之⑥，府中无事。

惠帝怪相国不治事，……参免冠谢曰："陛下自察圣武孰分高帝？"上曰："朕乃安敢望先帝乎？"曰："陛下观臣能孰与萧何贤？"工曰："君似不及也。"参曰："陛下言之是也。且高帝与萧何定天下，法令既明，今陛下垂拱⑦，参等守职，遵而勿失，不亦可乎？"惠帝曰："善。君休矣！"

参为汉相国，出入三年。卒，谥懿侯。子窋代侯。百姓歌之曰："萧何为法，埩或，颢若画一⑧；曹参代之，守而勿失。载其清净⑨，民以宁一。"

（《史记·曹相国世家》）

【注释】

①参：曹参，西汉开国功臣，继萧何为第二任相国。②有郤（xì）：有隔阂，指论功行封时产生了隔阂。③开说：开口说话进言。④召按之：召传他们来，处置他们。⑤细过：细小过错。⑥"专掩"句：一律包揽遮掩起来。⑦垂拱：垂衣拱手，形容无为而治的安重神态。⑧颢若画一：一一明白公正，官民标准一致。颢若，皎然，平直明白。⑨载其清净：感戴其清净无为而治。

【译文】

曹参当初微贱时，与萧何友好，等到各自为将相后，有了隔阂。待到萧何即将死去时，所推举的贤士唯有曹参。因此曹参代萧何任汉相国，一切事都没有变更，一律遵从萧何的规约。

曹参选择的郡国吏都是质朴而不善言辞的。厚重长者，又将他们拜官授职作为丞相史。那些死扣法令条文、对人语言苛刻严峻的，以及那些追求能吏名声的则马上开除他。他日夜饮浓酒。卿大夫以下吏及宾客见曹参不兴革多事，来见他时想说几句。有来访的人，曹参就与他一起饮浓酒，过了一会儿，他想说什么时，曹参又给他酌酒，直到他饮醉后离去，始终没能开口说话，这样就成了习惯。

丞相府后园有官吏宿舍，吏舍里每日有人饮酒歌唱欢闹。幕僚属员厌恶这件事，没有办法，因此请曹参在园中游玩，听到了官吏酒醉的歌唱欢闹声，幕僚属员希望曹参召来他们一一处置。曹参反而取过酒摆开筵席与他们共坐聚饮，也一起歌唱欢闹互相应和。

曹参发现属下人有小错误，总是一律包揽遮掩起来，因此丞相府没有出什么事。

惠帝怪相国不治理什么国事，……曹参脱帽谢罪说："陛下自己察觉圣明英武与高帝比谁强些？"皇上说："我怎敢与先帝相比望呢？"曹参说："陛下看我与萧何谁更贤良？"皇上说："你好像不及萧何。"曹参说："陛下言之极对。况且高祖与萧何定天下，法令已经明确，如今陛下垂衣拱手，无为而治，曹参等谨守职责，遵守前法不失职，不是很好吗？"惠帝说："好。你不要说了。"

曹参担任汉相国，共有三年。他死后被封赐懿侯。儿子曹窋代袭其侯爵。老百姓这样歌唱道："萧何制定好法律，一一明确公正，官民标准统一；曹参代之为相，坚守善法，毫不失职。天下感戴他清净无为而治，人民得以安宁享太一。"

军　事

司马穰苴军纪严

司马穰苴①者，田完②之苗裔也。齐景公③时，晋伐阿、甄，而燕侵河上④，齐师败绩。景公患之，晏婴乃荐田穰苴，曰："穰苴虽田氏庶孽⑤，然其人文能附众，武能威敌，愿君试之。"景公召穰苴与语兵事，大说之，以为将军，将兵扞燕晋之师。

穰苴曰："臣素卑贱，君擢之闾伍之中⑥，加之大夫之上，士卒未附，百姓不信，人微权轻。愿得君之宠臣，国之所尊，以监军，乃可。"于是景公许之，使庄贾往。穰苴既辞，与庄贾约曰："旦日日中会于军门。"穰苴先驰至军，立表下漏⑦，待贾。贾素骄贵，以为将己之军而己为监，不甚急。亲戚左右送之，留饮。日中而贾不至，穰苴则仆表决漏，入行军勒兵，申明约束。约束既定，夕时，庄贾乃至。穰苴曰："何后期为？"贾谢曰："不佞⑧，大夫亲戚送之，故留。"

穰苴曰："将，受命之日，则忘其家；临军约束；

46

则忘其亲；援枹鼓^⑨之急，则忘其身。今敌国深侵，邦内骚动，士卒暴露于境，君寝不安席，食不甘味。百姓之命，皆悬于君，何谓相送乎？"召军正问曰："军法期而后至者云何？"对曰："当斩。"庄贾惧，使人驰报景公，请救。既往，未及反，于是，遂斩庄贾以徇三军。三军之士皆振栗。久之，景公遣使者持节^⑩赦贾，驰入军中，穰苴曰："将在军，君令有所不受。"问军正曰："军中不驰，今使者驰，云何？"正曰："当斩。"使者大惧。穰苴曰："君之使不可杀之。"乃斩其仆、车之左驸、马之左骖^⑪，以徇三军，遣使者还报，然后行。

士卒次舍、井灶、饮食、问疾、医药，身自附循之。悉取将军之资粮享士卒，身与士卒平分粮食，最比其羸弱者。三日而后勒兵，病者皆求行，争奋出为之赴战。

晋师闻之，为罢去；燕师闻之，度水而解。于是追击之。遂取所亡封内故境而引兵归。未至国，释兵旅，解约束，誓盟而后入邑。景公与诸大夫郊迎劳师，成礼而后反归寝。既见穰苴，尊为大司马。

（《史记·司马穰苴列传》）

【注释】

①司马穰（ráng）苴（jū）：本姓田，因为任过大司马（掌军政的职官），后人称他为司马穰苴。②田完：春秋时人，后田

氏取代齐国旧王族，尊他为始祖。③齐景公：名杵臼，公元前
547—前590年在位。④"晋伐"句：阿，今山东省阿县。甄，
今山东鄄城，都是齐国的地名。⑤庶孽：众贱子。庶：众多。
孽，婢妾所生的儿子。⑥"君擢"句：擢（zhuó），提拔。闾
伍，即闾里，平民所居之处。⑦"立表"句：表和漏都是古代
计时的仪器。立表即立木为表，以测日影，其作用同日冕仪
（俗称日规）。下漏是用铜壶盛水，底穿一孔，壶中立箭，上刻
度数，壶中水因漏出渐减，箭上刻的度数，依次显露，即可知
时，其作用同钟表。⑧不佞：不才或不敏，一种自谦的称呼。⑨
援枹（fū）鼓：指击鼓进军。援，拿、执。枹，击鼓的棒。⑩
节：即符节，国君的信物，剖成两半，出兵时，将军和国君各
持其一。国君派使者去军中时，常持国君的半个符节以示信。
⑪骖（cān）：古代用三匹马驾车时，左边的马叫骖。

【译文】

　　司马穰苴是田完的后代。齐景公时，晋国攻打齐国的阿、
甄地方而燕国侵犯到黄河边上，齐军大败。景公很忧虑，晏婴
就推荐田穰苴，说："穰苴虽然只是田家的庶子，但他这个人，
文能使大家亲附他，武能使敌人慑服于他，希望大王试用他。"
景公召见穰苴，与他谈论军事，大为高兴，任他为将军，统率
军队抵御燕、晋两国的军队。

　　穰苴说："我素来卑贱，大王将我自平民中提拔出来，使
我位居大夫，士兵还不亲附我，百姓也不信服我，人微权轻。
希望得到大王宠信的臣子，国中所尊信的人，来做监军，方才

可以。"于是景公答应了他，派庄贾前往。穰苴既已辞别，和庄贾约好："明天正午时，在军营的大门外相会。"穰苴次日乘车到了军中，立表下漏，等待庄贾。庄贾向来骄贵。认为统领自己的军队而且自己监军，不大着急。亲戚和左右亲近的人为他送行，他留下来一起喝酒。正午时庄贾不到，穰苴便放倒木表，放空漏中的水，进入军营内巡视整饬部队，发布号令申明纪律。发令已完，太阳下山时，庄贾才来到。穰苴问："为什么迟到？"庄贾谢罪说："有大夫亲戚送行，所以留下来饮酒。"

穰苴说："担任将领的人，一旦接到命令，便不再过问家事；临军申明纪律，便不再考虑亲人；击鼓进军的紧急时候，便不再顾及自身安危。现在敌国入侵境内很深，国内骚动不安，士卒在边境上露宿守卫，国君寝不安席，食不甘味。百姓的性命，都掌握在你的手中，还谈什么饯别？"于是召来军中的司法官问："按军法，约好时间却后到的人该当何罪？"司法官回答说："当斩。"庄贾害怕了，派人乘车去报知景公，请求解救。那人去了，还未返回，穰苴已处斩了庄贾，巡行三军前而宣告之。三军士兵都为之战栗畏惧。很久以后，景公派使者拿着符节来赦免庄贾，驾车奔入军营中。穰苴说："将领在军中时，国君的命令有的可以不接受。"又问军中司法官："军营中不许驾车快奔，现在使者做了，怎么处置？"司法官说："当斩。"使者非常害怕。穰苴说："国君的使者不能杀。"便杀了他的仆人，斩断了左边车厢外立着的一根木头，还杀了左边驾车的马，以警戒三军，派使者回去报告，然后出发。

士兵宿营，打井垒灶、饮食、疾病医药，穰苴都亲自过问抚慰。将自己作为将军应得的物资粮食都拿出来给士兵享用，自己和士兵平分粮食，汇总排列后自己只得到了瘦弱者的粮食数。三天后整饬部队，生病的人都要求随同行军，争先恐后要为国作战。

晋军听说了，因此而退走；燕军听说了，北渡黄河解围而去。于是齐军追击，收复了境内曾经沦陷的国土然后回师归来。未到国都，先解除武装和战时法令，立誓严守纪律、效忠君王而后入都城。景公和诸位大夫到郊外迎接加以慰劳，完成这隆重的礼节后才回去休息。见了穰苴后，尊他为大司马。

孙武演兵

孙子武①者，齐人也。以兵法见于吴王阖庐。阖庐曰："子之十三篇②，吾尽观之矣，可以小试勒兵乎？"对曰："可。"阖庐曰："可试以妇人乎？"曰："可。"于是许之，出宫中美女，得百八十人。孙子分为二队，以王之宠姬二人各为队长，皆令执戟。令之曰："汝知而心与左右手背乎？"妇人曰："知之。"孙子曰："前，则视心；左，视左手；右，视右手；后，即视背。"妇人曰："诺。"约束既布，乃设铁钺③，即三令五申之。于是鼓之右，妇人大笑。孙子曰："约束不明，申令不熟，将之罪也"复三令五申而鼓之左，妇人复大笑。孙子曰："约束不明，申令不熟，将之罪也；既已明而不如法者，吏士之罪也。"乃欲斩左右队长。吴王从台上观，见且斩爱姬，大骇。趣使使下令曰："寡人已知将军能用兵矣。寡人非此二姬，食不甘味，愿勿斩也。"孙子曰："臣既已受命为将，将在军，君命有所不受。"遂斩队长二人以徇。用其次为队长，于是复鼓之。妇人左右前后跪起皆中规矩绳墨④，无敢出声。于是孙子使使报王曰："兵既整齐，王可试下观之，唯王所欲用之，虽赴水火犹可也。"吴王曰："将军罢休就舍，寡人不愿下观。"孙子曰："王徒好其言，不能用其实。"于是阖庐知孙子能用兵，卒以为将。西破强楚，入郢⑤，北威齐晋，显名诸侯，孙子与有力焉。

（《史记·孙子列传》）

【注释】

①孙子武：即孙武。子是古代对人的尊称。②十三篇：即《孙子兵法》十三篇。③铁钺（fūyuè）：大斧，军中行刑所用的工具。④规矩绳墨：本义指工匠所用的工具，这里借指规章制度。⑤郢：楚国都城，在今湖北江陵东南。

【译文】

孙武，齐国人。因为精通兵法而被吴王阖庐接见。阖庐说："你的兵法十三篇，我都已看过了，可以试用来操练一小部分士兵吗？"孙子回答说："可以。"阖庐问："可以试着操练妇人吗?"孙武回答说:"可以。"吴王于是同意了,召集宫中一百八十名美女。孙子将她们分为两队,以吴王的两名宠姬为每队的队长,命令她们都拿着战戟。孙子问:"你们知道你的心和左右手、后背吗?"宫女们回答说:"知道。"孙子说:"向前,则朝着心的方向;向左,朝左手的方向;向右,朝右手的方向;向后,就朝后背的方向。"宫女们说:"知道了。"规定完后,就布设一铖为刑具,随即反复交待上述规定。于是命令击鼓向右,宫女们大笑。孙子说:"规定不明白,交代不清楚,是将领的过错。"再反复交代后命令击鼓向左,宫女们又大笑。孙子说:"规定不明白,交代不清楚,是我将领的过错;但已交代清楚了却不按规定做,就是士兵们的过错了。"于是要斩杀左右队长。吴王在台上观看,见要斩杀自己的爱姬,大为惊骇。急忙派使者传令:"我已知道将军能用兵了。我若没有这两位爱姬,连饭也吃不香,希望将军不要杀她们。"孙子说:"我既已被任命为将,将在军中,君命有所不受。"于是杀了两名队长以示众。提拔排在她们后面的人为队长,再击鼓传令。宫女们向左、向右、向前、向后、跪下、站起都合乎规定,没人敢出声。于是孙子派使者向吴王报告:"士兵已操练好,大王可以下来检阅,任凭大王随意使用,就是让她们赴汤蹈火也行。"吴王回答说:"将军就此而止,回房休息吧,我不想下来检阅。"孙子说:"大王只喜欢谈论兵法,却不能运用兵法的实际内容。"于是阖庐知道了孙子善于用兵,终于任命他为将军。吴国后来向西攻破强大的楚国,占领郢都,向北威震齐晋两大强国,在诸侯中名声大震,孙子在其中起的作用很大。

周亚夫治军

文帝之后六年①，匈奴大入侵。乃以宗正②刘礼为将军，军霸上③；祝兹侯徐厉为将军，军棘门④，以河内守亚夫为将军⑤，军细柳，以备胡。

上自劳军。至霸上及棘门军，直驰入，将以下骑送迎。已而之细柳军，军士吏⑥披甲，锐兵刃，彀⑦弓弩，持满。天子先驱至，不得入。先驱曰："天子且至。"军门都尉曰："将军令曰：'军中闻将军令，不闻天子之诏。'"

居无何，上至，又不得入。于是上乃使使持节诏将军："吾欲入劳军。"亚夫乃传言开壁门。壁门士吏谓从属车骑曰："将军约，军中不得驱驰。"于是天子乃按辔徐行。至营，将军亚夫持兵揖，曰："介胄⑧之士不跪，请以军礼见。"天子为之动，改容，式车，使人称谢："皇帝敬劳军。"成礼而去。

既出军门，群臣皆惊。文帝曰："嗟乎，此真将军矣！曩⑨者霸上、棘门军，若儿戏耳，其将固可袭而虏也。至于亚夫，可得而犯耶？"称善者久之。月余，三军皆罢，乃拜亚夫为中尉⑩。

（《史记·绛侯周勃世家》）

【注释】

①文帝：名恒，高祖刘邦之子，公元前179—前156年在位。后六年，即后元六年，公元前157年。②宗正：掌管皇族事务的官员。③霸上：地名，在今陕西省西安市东。④棘门：地名，在今陕西省咸阳县东北。⑤"以河"句：河内，郡名，在今河南省北部。守，即太守，郡的长官。亚夫，姓周，为西汉开国功臣绛侯周勃之子，西汉名将，平定吴楚七国之乱，后因得罪景帝，又被诬谋反，绝食自杀。⑥吏：军中掌事务的官。⑦彀（gòu）：张开。⑧胄（zhòu）：头盔。⑨曩（nǎng）：从前；过去的。⑩中尉：负责京城治安的武官。

【译文】

汉文帝后元六年，匈奴人大举入侵边境，宗正刘礼为将军，驻军霸上；祝兹侯徐厉为将军，驻军棘门；河内太守周亚夫为将军，驻军细柳，以防备匈奴。

文帝亲自慰问驻军。到了霸上和棘门两军，车驾径直驰入军营，毫无阻拦，自将军以下的军官都骑着马迎接和欢送。之后来到细柳军营外，见军官和士兵都披着盔甲，刀枪擦得锋利雪亮，张满了弓，严阵以待。天子的先行队伍来到军营外，进不了营门。先行队伍说："天子将要到了。"守卫营门的军官说："将军有令：'军中只听军令，不听皇帝的命令。'"

不久，文帝到来，还不能进军营。于是文帝派使者拿着符节下诏令给将军："我要进营慰劳军队。"周亚夫才传令打开营门。守卫营门的军官对文帝随从的车驾和骑兵说："将军有规定，军营中不许让车马快跑。"于是文帝收住缰绳让马慢慢地前行。到了营中，将军周亚夫手持兵器拱手行礼，说："戴甲之士不便跪拜，请允许我以军中的礼节相见。"文帝震动，脸色严肃起来，靠在车前的横木向他答礼，派人前去致意："皇帝慰劳将军！"劳军礼节完毕后离去。

出了军门，大臣们纷纷惊叹。文帝说："啊，这才是真正的将军！前面的霸上、棘门两处军队，不过像儿戏罢了，他们的将领，容易被偷袭而俘获的。至于周亚夫，怎么可以侵犯呢？"夸奖了许久。过了一个月后，三支军队都撤除了，便任命周亚夫为中尉。

德　操

武帝兴农治水

　　自河决瓠子①后二十余岁，岁因以数不登②，而梁楚之地尤甚。天子既封禅巡祭山川，其明年，旱，乾封少雨。天子乃使汲仁、郭昌发卒数万人塞瓠子决。于是天子已用事万里沙③，则还自临决河，沈白马玉璧于河④，令群臣从官自将军已下皆负薪窴⑤决河。是时东郡烧草，以故薪柴少，而下淇园之竹以为楗⑥。

　　天子既临河决，悼功之不成，乃作歌曰："瓠子决兮将奈何？皓皓旰旰⑦兮闾殚为河！殚为河兮地不得宁，功无已时兮吾山平。吾山平兮钜野溢，鱼沸郁兮柏⑧冬日。延道弛兮离常流，蛟龙骋兮方远游。归旧川兮神哉沛⑨，不封禅兮安知外！为我谓河伯兮何不仁，泛滥不止兮愁吾人？啮桑浮兮淮泗满，久不反兮水维缓。"一曰："河汤汤兮激潺湲，北渡污兮浚流难。搴⑩长茭⑪兮沈美玉，河伯许兮薪不属。薪不属兮卫人罪，烧萧条兮噫乎何以御水！颓林竹兮楗石菑⑫，宣房塞兮

万福来。"于是卒塞瓠子，筑宫其上，名曰宣房宫。而
道河北行二渠，复禹旧迹，而梁楚之地复宁，无水灾。

自是之后，用事者争言水利。朔方、西河、河西、
酒泉皆引河及川谷以溉田；而关中辅渠、灵轵引堵
水⑬；汝南，九江引淮；东海引巨定；泰山下引汶水：
皆穿渠为溉田，各万余顷。佗⑭小渠披山通道者，不可
胜言。然其著者在宣房。

（《史记·河渠书》）

【注释】

①河决瓠子：黄河在瓠子口一带于汉武帝元光三年发生决
口事件。②不登：收成不好。③用事万里沙：在万里沙巡祭西
岳。④"沈白马"句：将白马及玉璧沉于河中，来礼水神。沈，
通"沉"。⑤寘（tiān）：填充。⑥楗：用以堵决口的木桩。⑦皓
皓旰旰（hàn）：浩浩瀚瀚，河水泛滥广漠无边。⑧柏：通
"迫"。⑨沛：福盛。⑩搴（qiān）：牵拉。⑪茭：通"茭"，是
用苇竹编成的栏泥石堵决口的用具。⑫蔷：柱。⑬引堵水：导引
积滞的水。⑭佗：通"他"、"它"。

【译文】

自从黄河在瓠子口一带决口以来20多年里，连年收成不
好，多次出现灾荒，尤其在梁楚一带格外严重。天子已经告祭
巡祀山川天地，次年，发生大旱，因为少雨，农民封干土下种。

天子于是派汲仁、郭昌征发数万士卒前去填塞瓠子口一带的决口。天子在万里沙巡祭西岳之后，返回途中亲往决口处，沉下白马及玉璧到黄河中，以敬祀水神，并命令群臣随从官自将军以下都背薪木填塞黄河决口。当时，因为填薪木太多，东郡一带只好烧草，淇园的竹子也被用来代做木桩。

天子面对黄河决口，感伤于治河不成功，就作歌吟道："瓠子决口啊怎么办呢？水势浩瀚无边啊村镇全成河！全成河啊不得安宁，成功遥遥无期啊吾山才平。吾山才平啊钜野泽又泛滥，到处都是鱼的乐园啊时节近冬日。故道废弛啊洪水离开了常流之域，蛟龙驰骋啊正向远方游去。洪水归旧川吧愿神赐福丰沛，若不外出封禅啊怎知宫墙之外有此等灾患！替我报知河伯水神吧，他为何如此不慈，如此泛滥不息啊，真是愁杀人？啮桑已被浮起啊，只因淮水、泗水溢满泛滥，洪水长久不返退啊，水势是如此难以维拘。"又唱道："黄河激荡啊潺湲不已，向北渡滞积的水域啊浚疏水道真难。牵动长笰堵决口啊下沉美玉，祈望河伯神应许赐福啊却乏塞河之薪。堵河决口之薪不继啊让卫人频频遭罪，草已烧尽四野萧条啊，用什么来抵御浩浩洪水！木材竹子已尽颓光一片啊，只好以石为柱，建宣房宫来镇卫所塞之口啊，唯愿万福到来。"于是君臣上下一齐终于堵塞了瓠子口，并在上面建宣房宫。因而引导浚疏黄河以北所延伸的两条干渠，让黄河水重新回到大禹所开通的河道，这样梁楚一带复得安宁，不再发生水灾。

自此，负责的大臣们争先恐后地劝说天子兴修水利。朔方、西河、河西、酒泉一带都引来黄河及其他河川的水来灌溉田亩；

关中地区由辅渠、灵轵等人工渠道来引积滞的淤水；在汝南、九江引导淮水；在东海郡引出巨定湖水；在泰山下引出汶水；所有一切都凿渠引水为灌溉农田，各有万顷多。其它小渠劈断山势、导水使通的，难以数尽。然而其中最显著的工程就是瓠子口宣房宫。

舜帝以善报恶

舜父瞽叟顽，母嚚①，弟象傲，皆欲杀舜。舜顺适不失子道，兄弟孝慈。欲杀，不可得；即求，尝在侧。

舜年二十以孝闻。三十而帝尧问可用者，四岳咸荐虞舜，曰可。于是尧乃以二女妻舜以观其内，使九男与处以观其外。舜居妫汭，内行弥谨。尧二女不敢以贵骄事舜亲戚②，甚有妇道。尧九男皆益笃。舜耕历山，历山之人皆让畔；渔雷泽，雷泽上人皆让居；陶河滨，河滨器皆不苦窳③。一年而所居成聚，二年成邑，三年成都④。尧乃赐舜絺衣⑤，与琴，为筑仓廪，予牛羊。瞽叟尚复欲杀之，使舜上涂廪⑥，瞽叟从下纵火焚廪。舜乃以两笠自捍而下，去，得不死。后瞽叟又使舜穿井，舜穿井为匿空旁出。舜既入深，瞽叟与象共下土实井，舜从匿空出，去。瞽叟、象喜，以舜为已死。象曰："本谋者象。"象与其父母分，于是曰："舜妻尧二女，与琴，象取之。牛羊仓廪予父母。"象乃止⑦舜宫居，

鼓其琴。舜往见之。象鄂不怿⑧，曰："我思舜正郁
陶⑨！"舜曰："然，尔其庶矣⑩！"舜复事瞽叟爱弟弥
谨⑪。于是尧乃试舜五典百官，皆治。

（《史记·五帝本纪》）

【注释】

①嚚：言不及义。②亲戚：公婆兄弟。③苦窳：粗劣。④聚、
邑、都：聚，村落。邑，大于村落；都，大于邑。⑤绤衣：细
葛布做的衣服。⑥上涂廪：上粮仓顶部涂泥。⑦止：移到舜的宫
室而止。⑧鄂不怿：惊愕不自在。⑨郁陶：忧伤的样子。⑩尔其
庶矣：你像个弟弟了。⑪弥谨：更加谨慎。

【译文】

舜的父亲瞽叟顽劣不善，母亲言不及义，弟弟象狂傲不羁，
都想杀死舜。舜顺从父母不失子道，待兄弟友善，想杀他，却
找不到借口；他则一心只是希望常侍候在父母的身边。

舜年方20即以孝闻名于世。30岁时，帝尧询问可用之材，
四位诸侯领袖都推荐虞舜，说他可以。于是尧把两个女儿嫁给
他作妻子，观察他怎样治家；又派9个儿子与舜共处，观察他
怎样处世。舜住在妫水湾一带，家居行为更加谨慎认真。尧的
两个女儿不敢因为身份高贵而骄纵自己，侍奉舜的家人，能恪
遵善良妇女之道。尧的9个儿子都更加笃实。舜在历山耕种，
历山的人都让出自己的土地；在雷泽捕鱼，雷泽上的人都为他
让出自己的住所；在黄河沿岸做陶器，黄河沿岸出产的陶器没

有一件是粗劣的。一年之后，他所住的地方成了村落，两年后成为城邑，3 年后便成都市。尧于是赏赐给舜细葛布衣和琴，又为他建筑仓廪，并送给他牛羊。瞽叟还是想杀死他，要舜到仓廪上去涂合缝隙，瞽叟从下面放火焚烧仓廪；舜利用两个斗笠护住身子，跳下来逃走了，终于不死。后来瞽叟又命令舜去挖井，舜挖井时留心开挖了一个隐秘小孔道，便于从旁出来。待舜已深掘入井底，瞽叟与象合力倾倒泥土入井想活埋舜，把井填实，殊不知舜却从隐秘小孔道潜逃出来得以脱险。瞽叟和象非常高兴，以为舜已死。象说："主谋的是象。"象愿意把舜的财物分赠父母一份。接着说："舜的妻子——尧的两个女儿，以及琴，象取来享用。牛羊仓廪都给父母。"象就来到舜的宫室住下，弹他的琴。舜回来见到象。象惊愕不已，极不自在，说："我思念舜正忧伤不已！"舜说："这样好啊，你像个弟弟！"舜仍然孝顺地侍奉瞽叟，友待弟弟，比以前更加谨慎小心。于是，尧用五种伦理和各种官职来考察舜的才能，结果都办得十分满意。

张良拾履

留侯^①张良者，其先韩人也。大父开地，相韩昭侯、宣惠王、襄哀王^②。父平，相釐王、悼惠王^③。悼惠王二十三年，平卒。卒二十岁，秦灭韩。良年少，未宦事韩。韩破，良家僮三百人，弟死不葬，悉以家财求客刺秦王，为韩报仇，以大父、父五世相韩故。

良尝学礼淮阳④。东见仓海君。得力士，为铁椎重百二十斤。秦皇帝东游，良与客狙击秦皇帝博浪沙中⑤，误中副车。秦皇帝大怒，大索天下，求贼甚急，为张良故也。良乃更名姓，亡匿下邳⑥。

良尝闲从容步游下邳圯⑦上，有一老父，衣褐，至良所，直堕其履圯下，顾谓良曰："孺子，下取履!"良鄂⑧然，欲殴之。为其老，强忍，下取履。父曰："履我!"良业为取履，因长跪履之。父以足受，笑而去。良殊大惊，随目之。父去里所，复还，曰："孺子可教矣。后五日平明，与我会此。"良因怪之，跪曰："诺。"五日平明，良往。父已先在，怒曰："与老人期，后，何也?"去，曰："后五日早会。"五日鸡鸣，良往。父又先在，复怒曰："后，何也?"去，曰："后五日复早来。"五日，良夜未半往。有顷，父亦来，喜曰："当如是。"出一编⑨书，曰："读此则为王者师矣。后十年兴。十三年孺子见我济北⑩，谷城山⑪下黄石即我矣。"遂去，无他言，不复见。旦日视其书。乃《太公兵法》⑫也。良因异之，常习诵读之。

……后十三年从高帝过济北，果见谷城山下黄石，取而葆⑬祠之。留侯死，并葬黄石，每上冢伏腊⑭，祠黄石。

（《史记·留侯世家》）

62

【注释】

①留侯：张良的封号。侯，侯爵。留，地名，今江苏沛县东南。②"相韩"句：韩昭侯，名武，公元前358—前333年在位。宣惠王，昭侯之子，公元前332—前312年在位，韩国君称王自他始。襄哀王，即襄王，名仓，公元前311—前296年在位。③釐（xī）王：名咎，襄王之子，公元前295—前273年在位。悼惠王，又称桓惠王，釐王之子，公元前272—前239年在位。④淮阳：今河南淮阳县。⑤"良与"句：狙（jū），猿猴之类的动物。狙击，意即像狙扑击猎物一样，暗中埋伏，突然袭击。博浪沙，在今河南原阳县东南。⑥下邳：今江苏邳县南。⑦圯（yí）：桥梁。东楚称桥为"圯"。⑧鄂：通"愕"。⑨编：造纸术发明之前，古人以竹简木牍书写，用绳子将其编在一起成为一本书。一编书，犹后世所谓一卷书或一本书。⑩济北：今山东茌（chí）平县。⑪谷城山：一名黄山，在今茌平、东阿两县之间。⑫《太公兵法》：相传是周代周文王之师吕尚留下来的兵书，共三卷。⑬葆：同"宝"，珍爱。⑭上冢：扫墓。伏腊：伏为夏季祭日，腊为冬季祭日。

【译文】

留侯张良，祖先是韩国人。祖父名叫开地，在韩昭侯、宣惠王、襄哀王时任韩国之相。父亲名平，在韩釐王、悼惠王时任国相。悼惠王二十三年，张平死去。死后20年，秦灭了韩国。当时张良年轻，没有在韩国当官任职。韩国灭亡后，张良尚有 300 奴仆，弟弟死了也不安葬，而将家资全都用来访求刺客以刺杀秦王，为韩国报仇，这都是因为他的祖父、父亲历任五位韩国国君的相位。

张良曾在淮阳学礼仪。游历到东夷，见到了当时有名的隐士仓海君。招募到一个大力士，铸造了重达 120 斤的大铁椎。秦始皇东巡，张良和刺客在博浪沙伏击他，误中随从的车辆。秦始皇大怒，在全国大肆搜捕，急于抓到刺客，就是因为张良的缘故。张良于是改名换姓，逃到下邳隐藏起来。

张良曾经悠闲从容地在下邳一座桥上散步，有一位老人，穿着粗布短衣，走到张良身边，故意将脚上的鞋子丢到桥下，看着张良说："小子，下去捡鞋！"张良很吃惊，想殴打他。见他年老，才强忍住怒气，下去捡上鞋子。老人说："给我穿上鞋！"张良既已为他捡了鞋子，便恭敬地挺身上前跪着，为他穿鞋。老人伸出脚让张良替自己穿好鞋子，笑着走了。张良非常惊异，目送他离去。老人走了一里来路，又回来了，说："小子值得教导啊。5 天后天刚亮时，和我在此处相会。"张良因此觉得奇怪，跪下回答说："是。"5 天后天刚亮时，张良前往桥上。老人已经先到了，生气地说："和老人相约，却后到，为什么？"转身就走，说："5 天后早点来。"5 天后鸡刚叫时，张良便前往桥上。老人又先到了。又生气地说："迟来了，为什么？"离去时说："5 天后再早来一点。"5 天后，还不到半夜张良就前往桥上。过了一会，老人也来了，高兴地说："应该是这样。"取出一卷书，说："熟读此书，就可以做帝王的老师了。10 年以后发迹。13 年后，小子到济北来见我，谷城山下的黄石就是我。"于是离去，没有其他话，不再出现。天亮时看这本书，竟是《太公兵法》。张良因此而诧异，常诵读它。

……13 年后张良跟随汉高祖经过济北，果然见到了谷城山下那块黄石，便取回来，珍重地供奉祭祀。张良死后，黄石与他同葬，每逢扫墓和冬夏祭日，也祭祀那块黄石。

传世故事

赵武灵王变法

　　赵武灵王，为了富国强兵，想进行改革。这一年的春天，他出游各地，考察形势。他去北方勘察了中山的边境，走到了房子县，顺便抵达代，又到北边的无穷和西部的黄河边，登上黄华山。然后，他召见大臣楼缓，谈起先王未完的帝业、赵国局势和改革的打算，他说道："如今中山位于我国的心腹之地，北边有燕，东边有胡，西部又邻近林胡、楼烦、秦、韩的边界，而我国却无强兵守护，这样下去会断送江山的，怎么办？凡是要立下惊世骇俗的功名的，一定会被谴责为背离时风世俗。我打算改穿胡服。"楼缓认为武灵王的主意不错，但遭到群臣的反对。

　　武灵王认为要想取得群臣的拥护，必须首先得到在群臣中有影响力的元老重臣的支持。一次，先王肃侯宠信的重臣肥义正在武灵王身旁待坐，武灵王便向他求教："先王简子、襄子的功业就在于谋取胡、翟的利益。为人臣子的，懂得孝悌长幼顺从明理才会得到信任，能够建立有益于百姓君主的功业才会发迹显达，这两条是作为臣子的本分。如今我想踵迹先王襄子

66

的步武，向胡、翟之地开疆拓土，只怕终生看不到为民忠君的贤臣。我如改穿胡服，必然会使我国强盛敌国衰弱，这样做花费的气力少而取得的功效大，可以不极尽百姓的辛劳而继续完成先王的大业。凡是立下惊世骇俗的功业的，就得承受违背时风世俗的谴责。而今我要用胡服骑射来训导百姓，而举世之人定然会批评我，怎么办才好呢?"肥义却听出了话里的压力，他似乎想作个为民忠君的贤臣，便鼓励道："为臣听说做事举棋不定就不会成功，犹疑不决就不会得到好评。大王既然抱定承受世俗谴责的念头，就不要考虑天下的讥议了。讲论大德的人不取媚于世俗，成就大业的人不求教于民众。从前舜为有苗而舞蹈，禹光膀子进入裸国，他们并非为了纵欲欢心，而是专心致力于讲论大德而期望成就大业。愚者对成功的事也无从理解，而智者在事情发生以前就已了如指掌。大王何必犹疑不决。"武灵王说道："我不是对改穿胡服犹疑不决，而是担心天下之人笑话我。狂人高兴的事，智者感到可怜；愚人讥笑的事，贤者却详加审察。世间如有人顺从我，改穿胡服的功效就未可限量了。即使举世之人全都笑话我，我也一定要占领胡地中山。"

取得了重臣肥义的支持后，武灵王决定亲自穿上胡服，朝见群臣。为了减少阻力，武灵王又派王缲传话给自己的叔父公子成，希望他也带头穿上胡服。未料公子成不赞成武灵王的主张，他对王缲振振有词表示反对，说："臣已经听说大王穿胡服之事。为臣不佞，染病卧床，未能奔走效力时时晋见。既然大王有令，为臣斗胆略述愚忠。臣听说中国是聪明睿智之人居住的地方，是万物财货聚集的地方，是圣贤教化的地方，是施行仁义的地方，是实践诗书礼乐的地方，是试验杰出技艺的地方，是远方国民前来参观的地方，是蛮夷甘愿效法的地方。如今大王置此不顾，仿效远方蛮夷的服饰岂不是改变古来的教化、更动古人的方式、违背民众的心理？况且可能激怒学习中国的人，使他们远离中国。所以为臣请大王认真决断。"

王緤回来把公子成的意见报告给武灵王，武灵王便借探病之机，亲自登公子成家门作说服工作。他结合各国实例，讲述了服饰、礼俗的实用性和圣人为利民富国而因地制宜、因事制法和"儒者一师而俗异，中国同礼而教离"的实际情况，讲述了自己意在改革风俗、富国强兵、继承先王基业和向中山报仇雪恨，公子成终于受了感动，转而拥护改革。武灵王马上赐给他胡服。第二天，公子成便穿上了胡服上朝。武灵王这才正式颁布了改穿胡服的政令。

但是，政令下达后，赵文、赵造、周裷（zhào）、赵俊等一些大臣还是劝谏武灵王不要改穿胡服。武灵王便费尽周折开导他们："先王们的风俗都不一样，效法哪一个老方式？帝王们的礼法互不承袭，遵循哪一位的礼法？伏戏、神农教而不诛，黄帝、尧、舜诛而不怒，到了夏、商、周时代，又随时制法，因事制礼。法规政令各自怎么合适就怎么制订，衣服器械各自如何方便就如何制造。因此，礼法不必只有一种方式，方便国家也不一定要泥古。圣人出现时，不因袭前朝也可称王；夏、殷衰亡时，未变更礼法也会灭亡。既然如此，那么反古革新未可厚非，因循守旧无须赞赏。而且，如果说穿奇装异服的其心淫邪，那么邹、鲁好长缨，就该没有高风亮节了；如果说风俗僻陋之地的人不开化，那么吴、越地远俗陋，就该没有俊才高士了。更何况，圣人认为利于身体的叫服饰，便于行事的叫礼法。进退的礼节，衣服的创制，都是用来统一平民的，不是用来品评贤人的。所以平民随着风俗而浮沉，而贤者却与变革而同在。有句话说的好：‘靠书本驾车的，不能尽晓马的脾性；拿古法治今的，不能通晓事物的变化。’因循守旧的功绩，不足以惊世骇俗；食古不化的学问，治理不了今天。你们都想不到这些呀。”赵文等都哑口无言。于是，胡服骑射便在赵国全境推行开来。

胡服骑射的直接结果便是提高了赵国军队的战斗力。中山在赵军的进攻下连连败北，赵惠文王三年（前296）终为赵国所灭。

（《史记·赵世家》）

刘邦封仇平怨

汉王五年（前202），刘邦的汉军与项羽的楚军在垓下展开了最后的决战。西楚霸王项羽兵败逃亡，饮恨自刎；而汉王刘邦则登上了皇帝的宝座。

一年后，汉高祖刘邦论功行赏，大封群臣。群臣追随刘邦浴血奋战多年，都盼着这一天，但是要明确地分出诸臣功劳的高下，给以相应的官位，并非轻而易举的事。刘邦心目中最看重的是运筹帷幄之中、决胜千里之外的张良，镇守关中大本营、保证粮草供应的萧何，总领百万大军、战必胜而攻必取的韩信，攻城略地斩将夺关、身受七十处创伤的曹参等文臣武将，所以首先对这二十余名劳苦功高、战绩卓著的大臣封王的封王，封侯的封侯。而剩下的那些臣子都怕刘邦小觑了自己的功劳，日夜争论，一时也得不出个结论，于是，行赏封功便拖延了下来。

一次，汉高祖刘邦正在洛阳南宫之中。他从阁道上望见不少将领坐在沙地上，交头结耳，窃窃私语，感到有些奇怪，便问身边的留侯张良："他们在议论什么呢？"留侯故意答道："难道陛下还不知道吗？他们是在商议造反呢！"汉高祖不解地问道："天下刚刚安定下来，他们为什么要造反？"留侯说出了事情的原委："陛下以一个布衣平民的身份起家，依靠这伙人争战杀伐，夺得了天下。而今陛下当上了天子，可是受到封赏的，却都是萧何、曹参等陛下亲近的故交；而受到诛罚的，则都是陛下平素怨恨的仇家。如今军中的有关官吏正在统计战功，天下的土地到底有限，不能封赏所有的人。这伙将领担心陛下不能全部封到，又怕陛下追究他们平素的过失，施以诛罚，所以才聚集到一起商议造反。"刘邦忧心忡忡地说："怎么办才好呢？"留侯道："陛下平生最憎恨的，且人人都知道的，是哪一个？"刘邦脱口而出道："那就是雍齿。他与我结下了旧仇，曾经几次令我难堪受辱。我想杀掉他，但因为他立了不少战功，所以才不忍心下手。"留侯给他出了个主意，道："现在请陛下马上降旨，先封雍齿，让群臣看看。群臣见到雍齿受到封赏，个个都会产生自信，就没有谁想造反了。"

原来，当初刘邦在沛揭竿而起时，曾命雍齿率兵守卫丰邑，雍齿本不情愿作刘邦的部下，后来魏周市策反他时，他便投降了魏国，反过来替魏守卫丰邑。刘邦得知后，气得要命，几次引兵攻打丰邑都未攻下。从此，刘邦对雍齿记恨心头。这次，他采纳了留侯张良的建议，摆下酒宴，招待群臣，当场封雍齿为什方侯。同时，他又催促丞相、御史加紧评功封赏。群臣赴宴归来后，都非常高兴地说："陛下连雍齿这样的对头都封以为侯，我们这些人还有什么可担心的！"

（《史记·高祖本纪》等）

汉武帝分地削藩

汉武帝刘彻刚即位时，前朝吴楚七国之乱就在眼前，他不能不担心周边诸侯的强盛对中央朝廷的威胁。所以，朝中大臣鉴于吴楚七国作乱的教训，大都为屈死的晁错翻案，认为他提出的削藩之策是正确的，要求对连城数十、地大势强的诸侯国应予压制削弱。不少大臣还在行动中实践这一主张，积极揭发披露诸侯国王的过错、罪行，奏请武帝给以严惩。

然而，这些大臣的主张招致了诸侯的强烈反感。建元三年（前138），代王登、长沙王发、中山王胜、济川王明入京朝拜武帝，武帝摆酒设宴招待他们。君臣边听音乐边饮酒，气氛比较融洽，然而中山王刘胜却忽然哭了起来。武帝摸不着边际，问他缘故，他便说道："为臣听说社中即使有鼷鼠，也不用水灌它；屋里纵然有耗子，也不用烟熏它。怎么能这样呢？就是因为它们寄身的地点所使然。为臣虽然薄才，却得蒙封赏；虽

71

然位卑，却得为东藩；在皇亲中又幸列为帝兄。但今天，群臣与宗室毫不沾亲带故，权位又都轻如鸿毛，但他们却呼朋引类，共倡谬说，使宗室受到排挤，骨肉遭致离散。这种情形同尹吉甫之子伯奇逃亡在外、殷纣王之叔比干横遭杀戮是一样的啊！《诗经》所谓'我心中忧伤，似被捣筑一样；不眠长叹，使我变得衰老；心中的痛苦，好似患了头痛病一般'，就像在说为臣。"

原先，诸侯们都认为：自己是宗室的骨肉至亲，先帝之所以封给他们广阔的土地和众多的城邑，使他们成犬牙交错之势，为的是使宗室坚如磐石；如今他们本无过失，却受到臣子的侵凌、侮辱，有司故意吹毛求疵，鞭笞他们的臣属，让这些臣属出面伪证他们有罪。中山王刘胜便有这种遭遇，所以才有了上述的一番哭诉。

汉武帝对藩国虽然不甚放心，只是想到一笔写不出两个刘字，对执行苛责藩国削弱诸侯的政策并不怎么坚决，这次听了中山王的陈情，便决定对诸侯厚加礼遇，命令有司不要多过问诸侯之事，借此来表示自己亲其所亲的皇恩。

后来，当中大夫主父偃再次提出削弱诸侯时，武帝不得不重新审视自己对这个问题的处理策略。主父偃认为："古时候诸侯的封地不过百里，他们的势力很容易控制。如今的诸侯有的占有数十个城邑，土地面积有一千平方里。他们觉得太平时，就骄奢放纵，很容易做出淫乱之事；他们感到危急时，就凭借险地强兵，狼狈为奸，反抗京师。如今要是按照法律分割削减他们的封地，就会酿成叛乱，前朝的晁错就是例子。现在的诸侯有的子弟以十来计数，除了嫡子继承王位外，别的虽然也是亲生子弟，却得不到一尺半寸的封地。这样的话，仁孝之道就难以全面贯彻。愿陛下命令诸侯，准许他们推广皇恩给自己的子弟，拿出土地封子弟为侯。这些子弟得地为侯，自然为欲望满足而高兴，并且感戴圣上的洪恩。这样，陛下既做到了施恩布德，而实际上分割的又是诸侯的国土。不必削减他们的封地，却同样收到了削弱他们势力的效果。"汉武帝琢磨了这个建议后，觉得这是个一石二鸟的好办法，可以使"汉有厚恩，而诸侯地稍自分析弱小"。于是，准备采用主父偃的计谋，命令诸侯按自己的意愿裂地分封子弟，但是要由中央朝廷定制封号，并且让这些新侯另属于汉郡。元朔二年（前127），"藩国始分，而子弟毕侯矣"。

（《史记·平津侯主父列传》等）

汉景帝平乱

汉高祖刘邦打下江山后，分封刘姓子弟为王，希望他们成为天子的屏藩。然而，新封的各国诸侯经过多少年惨淡经营，势力日渐强大起来，有些侯王便不再怎么恪守臣礼，有的甚至对天子宝座产生了觊觎之心。

汉高祖的哥哥刘仲的儿子刘濞（bì）曾经跟随高祖平定淮南王英布的叛乱，因而被封为吴王。吴国地方广阔，统辖三郡五十三城；辖内物产丰富，鄣郡铜山蕴藏的铜，沿海地带出产的盐都很有名。刘濞便招聚天下亡命之徒，暗中偷偷地搞起铸钱制盐的勾当，这种隐瞒不报的行业不必交纳赋税，因而吴国的财政非常富足。

汉文帝时，吴国太子刘贤入朝，得以侍奉皇太子饮酒博奕。刘贤为人骄横强悍，博奕时态度不恭，居然和皇太子争执起来。皇太子提起棋盘击打刘贤，失手把他打死。汉文帝命人把刘贤的遗体送回吴国安葬，吴王刘濞生气地说道："天下同姓一家，死在长安葬在长安就是，何必送回来下葬！"接着又把遗体送回去葬在了长安。此后，刘濞日益不守藩臣的礼节，以有病为借口不去京师入朝。文帝知道他因刘贤事心怀芥蒂，称病不朝，常常责问吴国的入京使节。刘濞害怕文帝杀他，开始积极策划谋反。文帝也怕把他逼上梁山，便赏赐他倚几和手杖，恩准他年老不朝。刘濞这才放缓了谋反的步子。可是他在吴国内仍奉行施恩于民，收买人心的政策：因其地盛产铜、盐，故免去了百姓的赋税；对于自己出钱戍守的兵卒，给以相当于他应出的份额的金钱；每年还时常慰问有才能的人士，到他们的故里颁行恩赏；对从其他郡国逃过来的罪犯，一律收容并加以保护。如此四十余年，民众都愿意接受驱使。

太子家令晁错看到吴国势力日渐强大，几次上书文帝，劝说削弱藩国的势力，都未被采纳，而吴国日益横行无忌。汉景帝即位后，晁错升任御史大夫，他又劝谏景帝道："当年高祖刚定天下时，兄弟不多，儿子弱小，大封刘姓子弟，所以才封庶子悼惠王为齐王，下辖七十余城，封庶弟元王为楚王，辖四十余城，封其兄之子刘濞为吴王，辖五十余城。仅封此三人，就割去了天下的一半。现在的吴王以前因太子事怀恨在心，装病不朝，依法应予诛杀，但文帝不忍惩治，恩赐给他倚几和手杖。皇恩如此浩荡，他本应该改过自新。没想到他居然愈发傲慢骄横，到山中铸钱，煮海水为盐，引诱收容天下逃犯，图谋不轨。而今是削弱他，他也反，不削弱他他也反。如削弱他，他就反得快，祸患也就小些；如不削弱他，他就反得慢，但危害也就更大。"景帝采纳了他的主张，找了些借口，削除了楚王的东海郡、吴王的豫章郡和会稽郡、赵王的河间郡以及胶西王的六个县。

吴王刘濞怕景帝不断削除他的封地，就联合楚王戊、赵王遂、胶西王卬、济南王辟光、菑川王贤、胶东王雄渠，以清君侧为名，发兵反叛。景帝听说七国造反的消息后，派遣太尉条侯周亚夫率领三十六位将军，发兵攻打吴、楚，派遣曲周侯郦寄领兵攻伐赵国，派遣将军栾布攻打齐地叛军，又派大将军窦婴屯后荥阳，监视齐、赵。

曾经当过吴国相国的袁盎与晁错关系极其恶劣，二人未曾在一个房间里说过话。晁错想趁七国作乱之机，逮捕袁盎，丞史以为不妥，晁错一时没有作出决断。有人密告了袁盎，袁盎惊恐不安，连夜去见老朋友窦婴，通过他面谒了景帝，劝景帝道："听说吴、楚互相写信道：'高祖分封子弟为王，给他们应有的土地，如今贼臣晁错却擅自迁过诸侯，削夺他们的土地。'所以他们才以造反为名，发兵西向，共诛晁错，恢复原有的封地才肯罢休。如今之计，可只斩晁错一人，再派使臣赦免吴楚七国，恢复削夺的土地。这样的话，则兵不血刃而使双方罢兵。"景帝沉默了半天，终于做出了牺牲晁错的决定。过了十几天，景帝派中尉去召见晁错，中尉把晁错骗上车，拉到东市。结果晁错穿着朝服，在东市被砍掉了脑袋。

但是，清君侧不过是吴王刘濞的借口而已，杀死晁错并没有使吴楚七国罢兵，正如刘濞对前去劝说他罢兵的袁盎所说的：“我已经成了东帝，还要跪拜谁？”于是他继续指挥军队，加紧攻打梁国。景帝设法以兵戎相见，让大将军窦婴、太尉周亚夫领兵反击七国。经过两个多月的战斗，七国败北，七个国王被杀的被杀，自尽的自尽。晁错奉行的尊主卑臣、强干弱枝的策略在他死后取得了成功。

在此之后，谒者仆射邓先对景帝说道：“晁错担心诸侯强大，难以驾驭，所以请陛下削夺诸侯的地盘，借以提高天子的地位，这是有利于千秋万代的计策。然而计策刚刚开始实行，晁错却突然被处以极刑。这种做法在朝内堵塞了忠臣的嘴巴，在朝外则替诸侯报了仇，下臣以为陛下不应该这样做啊。”景帝听后，沉默良久，然后才说：“您说得对，我对此事也感到悔恨。”

（《史记·孝景本纪》等）

吕后专权亲政

汉惠帝七年（前188）八月，二十三岁的惠帝驾崩。发丧时，吕后哭而无泪。留侯张良的儿子张辟彊只有十五岁，当时任侍中，他对丞相说道：“太后只有惠帝这一个儿子，如今他驾崩了，太后哭而不痛，您知道是什么原因吗？”丞相问道：“为什么？”张辟彊解释道：“惠帝的儿子都未成年，太后惧怕你们这些大臣。您现在不妨提议拜太后的亲侄子吕台、吕产、吕禄为将，让他们统领南军北军。等到诸吕都进入宫中任职，太后才会安下心来，你们这些人也就免于祸患了。"丞相按计行事后，吕后果然心中高兴起来，她再哭惠帝时就流下了悲痛的泪水。吕氏专权从此开始了。

吕后听政后，打算立诸吕为王。她向右丞相王陵征询意见时，王陵说道："当年高祖宰白马为盟时曾说：'非刘姓而称王的，天下人可群起而攻之。'如今封吕氏为王，是违反前约的。"吕后见王陵反对心中不悦，她又询问左丞相陈平、绛侯周勃，周勃等则答道："高祖平定天下后，封刘姓子弟为王；如今太后听政，封兄弟及吕姓子弟为王，没有什么不可以的。"吕后听了很高兴。不久，她想废掉右丞相王陵，借口任命王陵为少帝的太傅，剥夺了他丞相的权力，王陵一气之下告病还乡。吕后又让左丞相陈平出任右丞相，让辟阳侯审食其出任左丞相。审食其不理政事，专管宫中，就像郎中令一样。因此，他颇受吕后宠幸，常借吕后的权势行事，公卿办事都得求他。吕后调整了领导班子后，就追封自己的已故长兄吕泽为悼武王，以开封诸吕为王的先例。

少帝元年（前187）四月，吕后实施了封诸吕为王的第一步——封诸吕为侯。为表明公平，她先封非吕姓的人，如封汉高祖时的功臣郎中令冯无择为博城侯，封齐悼惠王的儿子刘章为朱虚侯，封齐相齐寿为平定侯，封少府阳成延为梧侯。可是，她才封侄吕种为沛侯、甥吕平为扶柳侯，加上以前封的郦侯吕台、交侯吕产、建成侯吕释之，诸吕中已有五侯。

第一步迈出后，封吕姓王的第二步也就并非难事。吕后沿袭前法，先立刘姓子弟为王，如淮阳王刘强、常山王刘不疑等。与前番不同的是，吕后先把封吕姓王的意思暗示给大臣，再让大臣作为建议奏请自己。大臣们心领神会，马上请封郦侯吕台为吕王，吕后体察下情，自然恩准，吕王吕台便成了吕后本家的第一位王爷。此外，又封吕禄为胡陵侯。少帝四年，又封吕婴为临光侯、吕他为俞侯、吕更始为赘其侯、吕忿为吕城侯。少帝七年二月，吕后让吕王吕产（吕台弟，袭吕王号）另作梁王，留在京师作少帝的太傅，另封其子平昌侯吕太为吕王。这一年的秋天，太傅吕产等进言吕后，说武信侯（即胡陵侯）吕禄在列侯中功高位显，当封赵王，吕后降旨照准。九月，燕王刘建死去，刘建的美人生有一子，吕后怕他继承王位，派人把他杀掉，然后宣称刘建没有后嗣，燕国自然废除。翌年十月，吕后立东平侯吕通为燕王，封吕通弟吕庄为东平侯。连同后来封的祝兹侯吕荣，吕后听政期间，先后在本家一门中策封了四王十三侯。经过吕后这样一番惨淡经营，诸吕权倾朝野，使汉高祖刘邦"以布衣提三尺剑"打下的江山面临了易姓的严重挑战。

（《史记·吕太后本纪》）

秦穆公不以成败论英雄

鲁僖公三十三年（前627），秦穆公不听蹇叔的劝谏，命令孟明视、西乞术、白乙丙三位将军率领大军，不远千里东袭郑国。结果没有得手，在归途中却遭到晋军的拦截，秦军在崤山全军覆没，三帅被俘。

晋襄公的嫡母文嬴是秦穆公的同宗之女，她看到娘家秦国的三员大将被儿子襄公活捉，便出面讲情。晋襄公见母亲求情，只好放走了孟明视等人。晋国重臣先轸入朝时，询问秦国三个囚徒的情况，襄公道："夫人求情，我把他们放走了。"先轸一听说道："武夫费尽九牛二虎之力从战场上把他们抓来，妇人在朝廷上用几句花言巧语就把他们放了！真是毁弃我军的战果而长敌人的气焰，晋国的灭亡指日可待了！"气愤地唾了一口。晋襄公也有些后悔，便叫阳处父去追赶。阳处父赶到河边时，孟明视等已坐在船中了。阳处父解下兵车上的边马，谎称是襄公派他来赠送马匹，想骗他们上岸，可孟明视却在船中行礼道："大王施恩于我等，不杀我等衅鼓，让我等回国接受制裁。敝国国王如杀我等，则虽死犹生。倘若承蒙大王的福佑而免于一死，我等三年后将回报大王的恩惠。"

孟明视等三人在秦国都城的郊外受到了秦穆公的迎接。穆公身着素服向三人哭道："我未听蹇叔之言，让你们几位蒙受了耻辱。罪过在我啊！"事后，仍让孟明视等担任原来的职务，并不因为他们有败兵之罪而施加惩罚。秦国大夫及穆公左右的近侍都认为穆公赏罚不当，进谏道："这次兵败，罪责全在孟明视，必须对他处以极刑！"穆公却替孟明视开脱道："罪责在我。周芮良夫诗云：'大风有隧，贪人败类。听言则对，诵言如醉。匪用其良，覆俾我悖。'这是说原因在于贪婪，说的就是我。我的确是因贪婪而使孟明视蒙受了祸患。他哪有什么罪！

何况，我也不会因为一次过错而埋没了他们的忠诚。"

两年后，秦穆公再次派孟明视等率兵攻伐晋国，晋国将军先且居领兵迎敌。双方在彭衙激战，最后孟明视又败。秦穆公不但不加责罚，而且待他越发尊重。孟明视感恩戴德，更加勤勤恳恳地治理朝政，施恩于民，秣马厉兵，准备再战。

一年后，秦穆公又派孟明视领兵攻伐晋国。秦军渡过黄河后，烧掉了乘船，奋勇进击，打得晋军落荒而逃。秦军一举攻陷了王官及鄗，晋军吓得死守城中不敢应战。于是，秦穆公从茅津渡过黄河，重新封埋好死于崤山的秦军将士的尸骨，为他们发丧致哀，痛哭了三日。然后，秦穆公又告誓全军道："将士们，你们听着，不要喧哗！我告誓你们：古时候的人，有事都向年长者请教，所以不犯错误。当初我不听蹇叔之言，以致兵败崤山。现在作此告誓，让后世之人记住我的过失！"君子听到了这件事，都流着泪说："唉！秦穆公看人不片面，不因一恶而弃其善，所以终于得到了孟明视这样的贤臣啊！"

（《史记·秦本纪》等）

管鲍相知

管仲少年时常与鲍叔牙一起游玩，鲍叔深知他贤能。管仲贫困，常欺骗鲍叔钱财，鲍叔始终善待于他，不拿此事当话柄。后来鲍叔事奉齐公子小白，管仲事奉公子纠。齐国内乱，为了避祸公子纠投奔鲁国，公子小白则投奔了莒国。后两公子抢夺王位，莒国派兵护送公子小白回齐国夺位，管仲带兵埋伏在莒国通往齐国的路上，企图阻止公子小白回国，他用箭射中了小白的带钩，小白装死，管仲将这消息带回鲁国，公子纠一行不紧不慢地回齐国，而公子小白早已抢先回齐，继承了王位，就是齐桓公。

桓公对管仲恨之入骨，鲍叔牙对桓公进言说："臣有幸能跟从君王您，您最终立国即位，君尊臣贵。臣无以给您增添荣耀，国君要治理齐国，仅高傒和我鲍叔牙就够了。但国君若想要成就霸业，非得要管仲不可。管仲在哪个国家哪个国家就会强盛，不能失去这个人。"齐桓公听从了鲍叔牙的劝告，于是对鲁国假称要回他以治他的罪，实际则是准备起用他。管仲已知道其中的缘由，所以要求前往齐国。鲍叔牙亲自前往迎接管仲，到堂阜这地方就卸下了他身上的枷锁，让他沐浴后去见齐桓公，桓公赠他以厚礼，并延聘他做大夫，管理国家政务。

齐桓公得到管仲，与鲍叔牙、隰（xī）朋、高傒一同治理齐国政务，建立五家相连的群众军事组织，增收渔、盐之利，赡养贫困之人，嘉禄贤能之士，齐人都很高兴。据此理，齐国"九合诸侯，一匡天下"，成为春秋五霸之一。

管仲自己说："我开始时贫穷已极，曾与鲍叔一起做买卖，分钱财时经常给自己多一些，鲍叔不认为我贪婪，认为是由于贫穷造成的。我曾经给鲍叔做事，可是弄得他更贫困，鲍叔不认为我愚笨，知道这是时机不利造成的。我曾做过三次官，三次都被罢免，鲍叔不认为我无能，知道我没有逢到好时机。我曾经打过三次仗，三次都败走了，鲍叔不认为我怯懦，知道是由于我有老母在上。公子纠在与公子小白的争斗中失败，召忽自杀，而我受辱被囚，鲍叔不认为我没有廉耻，他知道我不拘小节而以功名不显著天下为耻。"管仲感叹道："生我者父母，知我者鲍叔也。"

鲍叔牙向桓公推荐了管仲之后，他自己却身处管仲之下，官位比管仲低。天下人称赞管仲贤能，更赞鲍叔牙能知人。

（《史记·齐太公世家》等）

献妾固宠　身死非命

战国时期的黄歇起先与楚国的太子完一起在秦国做人质，他设计让太子完逃归楚国之后，秦昭王在应侯的劝说下也放黄歇回国。三个月后，楚顷襄王死去，太子完继位为楚考烈王。考烈王元年，黄歇被任命为相国，封为春申君。他与当时齐国的孟尝君、赵国的平原君、魏国的信陵君一起并称"四大公子"，都争相礼贤下士，招延宾客，辅助本国，把持政权。

楚考烈王没有儿子，春申君极其忧虑，为此寻访、贡献了很多宜于生育的妇人，但始终不见成效，没有生下儿子。这时，赵国人李园妹妹貌美，很想把她进献给楚王而自己获利，又听说考烈王没有生育能力，担心时间长了会失去宠信。所以李园另打主意，来春申君处请求做他的门下食客，不久请假归乡，又故意耽误了回来的期限。他回来拜见时春申君问他原因，他回答说："齐王派人来求聘臣下的妹妹，因与使者饮酒，所以延误了时期。"春申君问："已经送了聘礼吗？"李园说："还没有。"春申君问："可以见见她吗？"李园回答："可以。"于是李园就向春申君进献了自己的妹妹，并受到春申君的宠信。李园知道她怀孕后，便与她妹妹进行了周密的谋划。李园妹妹寻机向春申君劝说道："楚王尊重信任君，就连兄弟之间也赶不上。而今君在楚做宰相二十多年，可是楚王无后，那么楚王去世之后，必然改立他的兄弟继位。新的楚王必然会亲信显贵他们原来的亲故，君怎么可能还受宠呢？这并不是杞人之忧。因为君在楚王面前显贵太久，对楚王的兄弟失礼的地方一定很多，如果楚王的兄弟真的被立为王，灾祸就要降临到您身上了，又怎样保全您的封地呢？现在妾已自知身怀有孕，可是别人还不知道，妾得到君的身幸还并不太久，如果君能以您的重望将妾进献给楚王，楚王一定会宠爱妾，如果有赖天助能够生下一个男孩，那就是您的儿子被立为楚王了。这时整个楚国都可以归您所有，谁还能加罪于您呢？"春申君认为有理。

于是春申君又为李园之妹专门修筑了一个馆舍，让她妹妹居住其中并严加守护，然后报告给楚考烈王。楚王把她召入宫内，极加宠信，不久便生了一个儿子，被立为太子。母以子贵，李园的妹妹便成了王后。楚王对李园也深加信重，李园便开始干预政事。

李园之妹入宫立为王后，春申君的儿子被立为太子之后，李园害怕春申君语言泄露秘密，便暗中畜养亡命之徒，准备杀春申君灭口，当时有些人知道此事。

后来楚考烈王病重，春申君的门客朱英建议他杀掉李园，春申君没有采纳这一意见。之后十七天，楚考烈王病死，李园果然抢先入宫带领亡命之徒埋伏在棘门以内，春申君刚走入就被死士从两边刺杀，割下了他的头投掷到棘门外面。随即派遣吏卒杀光了春申君的全家。而李园的妹妹与春申君生下的孩子终于被立为王，这就是楚幽王。

（《史记·春申君列传》）

赵王听谗不用廉颇

廉颇是赵国一名英勇善战的名将，他的英雄声名在诸侯间传扬。长平之战，赵惠文王中了秦人的反间计，以纸上谈兵的赵括换下廉颇作将军，结果一败涂地，牺牲了四十五万人，令赵国损失惨重。

赵悼襄王立位以后，以乐乘代替廉颇的位子，廉颇十分生气地攻击乐乘，乐乘离职出走。廉颇也投奔到魏国大梁。第二年，赵国任李牧为将攻打燕国，攻克武遂、方城二地。

廉颇在大梁待了很久，魏国并不重用他。赵国因屡次被秦军围困，赵王想重新启用廉颇。廉颇也想重新被任用。赵王派使者去查看廉颇是否能用。廉颇的仇敌郭开是一个谄媚的小人，此时正受赵王宠信，为了置廉颇于死地，他就给使者很多钱，要他陷害廉颇。赵国使者会见廉颇时，廉颇故意吃得很多，一顿饭吃下一斗米、十斤肉，披甲上马威风凛凛的样子表示还可以为国家效力。赵使者回来向赵王编造说："廉颇将军虽然老了，却很能吃饭，然而，一会儿功夫就去大解三次。"赵王因此认定廉颇老了，就不召还他。这就是那个著名的典故："廉颇老矣，尚能饭否？"

楚国听说廉颇在魏国，就暗地里派人迎取他。廉颇做了楚国的将军，说："我还是想统率赵国的军队。"最后廉颇抑郁地死于楚国。

郭开在赵国作恶甚多，后来他还曾受到秦国的巨资贿赂，为秦人充当间谍，离间赵王与赵国名将李牧的关系，造谣说李牧、司马尚谋反，赵王信以为真，派赵葱和齐将颜聚代替李牧。秦国的王翦趁势率兵攻破赵国，活捉赵王，赵国自此而灭。

（《史记·赵世家》等）

秦用商鞅　开始大治

公孙鞅从魏国奔秦，秦昭王三次会晤后决定任用他实行变法。

法令规定百姓五家为保，十保相连，相互纠发、连坐。不告奸者腰斩，告奸者与斩敌首一样受赏，藏匿奸者与降敌一样受罚。百姓有二男以上而不分居的，赋税加倍。有军功的按标准受爵，为私事争斗的，按轻重受刑。努力本业，耕织收获粮食、帛布多出的一部分加在他的身上。从事工商末利而怠惰致贫的，收为官奴。宗室没有军功者，不给爵位。明尊卑爵位等级，各按等次享有田宅，有功的显赫荣耀，无功的虽富足却无光彩。

法令已经完备，怕百姓不信，就立一根三丈长的木头在国都街市的南门，招募百姓中能将它搬到此门的，奖励十金。百姓对此很奇怪，不敢搬。又说："能搬的给予五十金。"有人试着搬了木头，果然就给予五十金，以表明不是欺骗。在此之后才颁布法令。

法令在百姓中实行了一年，秦国都的百姓说不便的数以千计。正逢太子犯法，公孙鞅说："法之不行，是从上违犯的。"要法办太子。而太子是君王的子嗣后代，不能施行，就对其师傅公子虔用刑，将其师傅公孙贾黥面。第二天，秦国人害怕就都服从法令了。此法令实行了十年，秦国百姓大悦，道不拾遗，山无盗贼，家家富裕人人充足。百姓勇于公战，不敢私斗，乡邑大治。对于秦国百姓开始说法令不好后来又说法令便利的人，鞅说："这都是扰乱教化的百姓。"把他们都迁到边城去了，以后百姓再也不敢议论法令了。

于是昭王任公孙鞅为大良造，率兵围魏国安邑，使之投降。过了三年，在咸阳筑门阙宫廷，秦国把都城从雍迁到这里。下令禁止百姓父子兄弟同室休息，聚集小乡邑为县，置令、丞，共三十一县。开挖田间阡陌疆界，而平赋税，统一量衡。执行了四年，公子虔又违犯禁令，而被行劓刑。过了五年，秦人富强，周天子赐给孝公祭祀用的肉，各诸侯都来祝贺。

第二年，齐国在马陵打败魏兵，俘虏其太子申，杀了将军庞涓。又过了一年公孙鞅游说孝公说："魏对于秦，就像人的心腹之患，不是魏吞并秦，就是秦吞并魏。原因何在？魏处于险恶之地，国都安邑，与秦国以黄河为界而独占山东之利，有便则向西略秦，不利就会向东收地。现在以君王之贤能圣德，国家赖以昌盛。而魏去年为齐大败，诸侯都向它挑衅，可趁此时讨伐魏国。魏不敌秦，一定向东迁徙。那么秦占据山河之固，向东以制约诸侯，这是帝王之业啊！"孝公以为对，派公孙鞅为将讨伐魏国，魏派公子卬为将迎击。两军相拒，鞅给魏将公子卬送信说："我一开始与公子关系和善，现在都做两国的将，不忍相攻，可与公子相见，誓盟，乐饮而罢兵，以安秦魏。"魏公子卬认为可以这样。会盟饮酒时，鞅埋伏披甲兵士发动袭击俘虏了公子卬，趁机攻打他的军队，尽破之以收归秦国。魏惠王的军队多次被齐、秦攻破，国内空虚，势力不断削弱。魏惠王害怕国家因此灭亡，于是派使者割让河西土地献给秦国以求和。而魏国离开安邑，迁都大梁。魏惠王说："我悔恨当初不听公叔座的进言。"鞅攻破魏国以后班师回国，秦国国君把於、商两地十五邑分封给他，号称商君。

（《史记·秦本纪》等）

李斯为相

李斯是楚国上蔡（今河南上蔡西南）人。年幼时跟随荀卿学习帝王之术，学成后他认为楚王不足以成就事业，便决心到西方秦国。他到秦国后正遇上秦庄襄王去世，秦王嬴政即位，李斯谋求当了秦相国吕不韦的食客，吕不韦赏识他，任他为郎官。他于是得到游说秦王的机会，秦王被他的游说打动，任命他做了长史（丞相的属官）。秦王听从了他的计策，派遣谋士带着金玉到各地游说诸侯，各国内凡可以用财帛收买的就用厚礼暗中拉拢他，那些不肯被收买的就用利剑暗杀他。用计离间各国的君臣之后，秦王就用兵马良将去攻取它。这样，李斯因其功劳被拜为客卿。

这时有个叫作郑国的韩国人来到秦国做间谍，他教民开渠灌溉以消耗秦国财力物力，不久被发觉。秦国的宗室大臣于是借机向秦王上书说："诸侯国凡来秦国做官的，大多是为他们的国君来游说秦国，或实为间谍。请大王把各国来的客卿全部逐出秦境。"李斯也在被要驱逐出去的客卿之列，于是李斯上书说：

"我听说大臣们议论要驱逐客卿，我私下以为是错误的。从前秦穆公求贤士，从西戎得到由余，从东面宛地得到百里奚，从宋国迎来蹇叔，从晋国招来了丕豹和公孙支。此五位贤才，都不是秦国人，然而穆公重用他们，于是兼并二十个诸侯国，秦在西方强霸起来。秦孝公采用卫人商鞅的变法主张，改变旧俗，民富国强，百姓乐用，诸侯臣服，俘获楚、魏军队，攻地千里，国家至今仍强盛。秦惠王用魏人张仪之计，攻占三川，西并巴、蜀、北收上郡，南取汉中，吞并九夷，控制鄢、郢，东占成皋险要之地，割据肥沃的良田，于是瓦解了六国的合纵联盟，迫使他们向西臣服秦国，功绩沿续到今天。秦昭王得到范雎，罢免丞相穰侯，驱逐了华阳君，强化公室，杜塞私门，蚕食诸侯，成就了秦国的帝业。这四位国君都是借助客卿的功劳而成就大业，由此看来，客卿有什么对不起秦国的地方？当初，如果这四个国君拒绝客卿而不接纳他们，疏远贤才而不重用他们，就不会使国家有强大的名声和富裕。

"现在陛下有昆山之玉、隋侯之宝、和氏之璧，佩着明玉之珠，悬着太阿之剑，骑着纤离之马，树立的是翠凤之旗，摆设的是灵鼍之鼓，这些宝物没有一样产于秦国。可陛下喜欢，为什么呢？……如今选用人才却不是这样，凡是客卿都一律驱赶。既然如此，那么陛下看重的是美女、音乐、珍珠、宝玉，而轻视的就是人才了。这不是统一天下、制服诸侯所应方略啊。

"我听说土地辽阔，粮食就富足；国家强大，人口就众多；军队强大，士兵就勇敢。泰山不舍弃泥土，就能成就它的高大；河海不舍弃细小的溪流，就能造就它的深广；国君不拒绝百姓的归附，所以能显示他的高尚品德。因此，地不分南北东西，人不分本国他乡，一年四季充满美好，连鬼神也会降福。这就是三皇五帝无敌于天下的原因。现在您却抛弃老百姓去资助敌国，驱走客卿而去帮助诸侯各国成就功业，使天下的贤才退避而不敢向西走，停止住脚步不敢进入秦国，这种做法就是人们所说的'借武器给敌寇，送粮食给盗贼'啊。

"物产不产于秦国，值得珍爱的很多；贤才不出生于秦国，而愿意效忠的也很多。现在陛下驱逐客卿去资助敌国，减少本国人民去增强敌人的力量，在国内使自己虚弱，在国外与各诸侯国结成怨仇，这样做，要想使国家没有危险，是根本办不到的。"

秦王于是废除驱逐客卿的命令，恢复了李斯的官职，继续使用他的计谋，后来又调升他当廷尉（秦国掌刑狱的最高官吏）。李斯辅佐秦王共二十多年，秦终于统一天下。李斯尊嬴政为"皇帝"，秦王拜李斯为丞相。

（《史记·李斯列传》）

围魏救赵

公元前 354 年，魏惠王令庞涓举兵伐赵，并包围赵都了邯郸，赵成侯大惊，急忙遣使赴齐求援，以中山之邑为礼，请求齐国发兵相救。

当时齐国大臣分为两派，一派以相国邹忌为首，主张不救赵；一派以大夫段干朋为首，主张应救赵。段干朋认为，魏灭赵，对齐国没有丝毫好处。三晋中，魏国最为强大，一旦灭赵，必会危及韩、齐，所以，救赵势在必行。而且，此时救赵有个有利条件，即魏之精锐部队皆在外与赵作战，国内必然空虚。齐军倘若避实击虚，进攻魏之襄陵（今河南睢县），可得渔人之利。

齐威王因此决定发兵，令田忌为将，孙膑为军师，率军救赵。

孙膑与魏将庞涓原在一起学习兵法，后庞涓出山仕魏为将军。孙膑潜至齐，受到齐威王的器重。此次发兵，本欲以孙膑为将，孙膑以残疾固辞，威王遂任之为军师，使坐于车中，为田忌出谋划策。田忌想率军直赴邯郸与魏军决战，孙膑道："今魏赵相攻，轻兵锐卒必竭于外，老弱疲于内。子不若引兵疾走魏都，据其衢路，冲其方虚，彼必释赵以自救，是我一举解赵之围而收弊于魏也。"意思是，魏赵相攻，精锐部队在外，老弱疲兵在内，齐军不如疾速向魏都大梁进发，占其要道，击其虚弱，庞涓必解邯郸之围以自救，如此一来不仅可以解救赵国，还能乘虚而入，而得袭魏之利。

孙膑的谋略与段干朋的避实击虚的主张基本上是一致的，只是孙膑认为，齐军应径攻大梁，攻魏之必救，这比段干朋主张攻魏之襄陵更为合理。

庞涓正麾军围攻赵都邯郸，突闻齐兵向大梁进发，而留守大梁的尽是老弱残兵，大梁若被齐兵攻取，魏国根本即失，后果不堪设想。倘若此时回军相救，便会功亏一篑，这使庞涓陷入进退两难之境。

赵国君臣因迟迟不见齐国救兵，见魏攻城愈急，渐失信心，在关键时刻向魏投降，庞涓担心大梁有失，接受邯郸守将投降后便匆匆撤兵，直奔大梁以自救。

齐军此时尚未至大梁，闻知魏军回师，便掉头后撤，撤至桂陵驻扎。

庞涓退兵后，见齐军亦撤退，勃然大怒，遂率军追击齐军，欲与齐军决一死战以泄愤。齐军探知魏军来追，便在桂陵设好埋伏，以逸待劳。庞涓因攻邯郸得胜，未及进入邯郸城便急急回军。既骄狂又恼怒，骄兵悍将，一路上气势汹汹，毫无防备地进入了齐兵的伏击圈，理所当然地被打得大败，庞涓率领残兵败将狼狈而逃。

（《史记·田敬仲完世家》等）

卫青突袭匈奴

西汉初年，北方的匈奴部落屡屡犯边，对汉王朝构成了极大的威胁。汉武帝元朔三年、四年两年之间，匈奴大举攻汉，攻占汉之代郡、雁门郡、定襄郡、上郡等广大地区，屠杀汉之边民数千人。汉武帝命车骑将军卫青统率三万骑兵，并统一指挥游击将军苏建、强弩将军李沮、骑将军公孙贺、轻车将军李蔡等部，会同将军李息、张次公两部，共十余万人，对匈奴进行大规模的反击。

卫青字仲卿，是西汉抗击匈奴的名将。元朔二年曾率军大破匈奴军，控制了河套地区，因而深得汉武帝刘彻的信任。此次汉武帝委任卫青为统帅，苏建、李沮、公孙贺、李蔡部皆归卫青节制，亦可见他对卫青予以厚望。

元朔五年春，李息、张次公率本部兵马出右北平进攻匈奴单于和左贤王，卫青则率主力悄悄从高阙出发，疾行六七百里以袭击匈奴右贤王。

关于李息、张次公进军情况，无史料可稽，极可能是用来牵制匈奴单于之兵，以保证卫青偷袭成功。时匈奴右贤王屯军地点可能在今内蒙古狼山之北数百里，卫青率军疾行至右贤王营地时正值深夜，"右贤王以为汉兵不能至，饮酒醉。"突闻汉兵乘夜袭击，"大惊"，以为神兵天降，匆忙和他的一个爱妾在数百匈奴骑兵的掩护下冲出汉军重围，向北逃窜。汉轻骑校尉郭成等追之数百里，不及而返。

卫青突袭成功，歼灭了右贤王的主力，俘虏其裨王十余人，男女五千余人，牲畜数十万头，给予匈奴以沉重打击。

汉武帝闻讯十分高兴，遣使持大将军印北上，至军中拜卫青为大将军，北边诸将皆归其管制。还增封卫青八千七百户，卫青的三个儿子也都被封侯。此时卫青的三个儿子尚在襁褓之中，因父功竟得封侯，使卫青大为不安，因此，卫青上书汉武帝，说明大军之所以取得辉煌胜利，皆是众将士奋勇杀敌之功，请求武帝封赏众将士。武帝于是大封诸将。

卫青袭击匈奴右贤王之役，堪称远距离奇兵偷袭之范例。李息与张次公从右北平出发，距右贤王屯军地遥遥数千里，故右贤王毫不防备，不意卫青的主力却从高阙进发，疾行军达六七百里，利用深夜包围右贤王所部，突然发动进攻，一举聚歼之。

（《史记·卫将军骠骑列传》等）

勾践灭吴

春秋末年，长江中下游的吴、越两国经过十余年的相互讨伐，越国渐有吞吴之势。

周敬王三十八年，越国乘吴王夫差率军北上与晋争霸、国内空虚之机攻入吴都，因夫差急率大军来救，乃暂与之议和而罢。

时过四年，吴国大旱，人民纷纷移居海边捕捞鱼蚌以就食，国势益亏，这使一直念念不忘灭吴报仇的越王勾践感到，灭吴的机会终于来到了！

是年三月，勾践令大夫文种留守国内，他亲自与大将军范蠡统领五万越军伐吴，吴王夫差忙率六万吴军迎敌，两军在笠泽江两岸扎营对峙，谁也不敢轻易渡江主动进攻。

入夜后，"越子为左右句卒，使夜或左或右，鼓噪而进。"
"卒"即左右两队相互配合、相互接应，于夜深之时，两队鼓
噪而进，杀声震天，渡至江中而止。

吴王夫差突闻越军乘夜来攻，见越军分左右两路渡江，不
敢怠慢，也分兵两路沿岸列阵以待之。

勾践的"左右句卒"不过是诱敌之兵，越之三军却在吴军
忙着列阵应付鼓噪而进的"左右句卒"的时候，偷偷地从另一
地点衔枚渡江，至江北后，潜至吴军营前。吴军正全神贯注地
计划迎击呼喊着渡河的越兵，一点没有发觉越军的主力已偷偷
渡江逼近了自己的营地。

越军潜至吴中军营地，猛然发动了进攻，吴之中军措手不
及，阵脚大乱，一败而不堪收拾。吴之左右军也顾不得防御正
面渡河的越军，调头来救中军，又遭到了越军主力与已渡河参
加战斗的左、右两队越军的夹击，马上也落败了，夫差只得带
着残兵败将退至二十里外的没溪。

越军在范蠡的率领下追至此地，夫差忙奔向吴都，一路上
在越兵的追击下伤亡无数，残兵退入吴都，越军则穷追至此，
展开了对吴都的攻坚战。

因为吴都城防甚固，越军改变战术，将吴都围困起来，筑
越城于吴都的西门外，计划长期围困吴都，使之不战自破。

这一围即是两年多。直至公元前476年，越军才设计使夫
差突围，在姑苏山将其歼灭，夫差自杀，至此，越终得灭吴。

而笠泽之战，实为越灭吴之关键一役。勾践一面派少数兵
力作为正兵，从正面喊叫着进攻，以引起吴军的注意。而以主

力部队作为奇兵，乘夜悄悄渡江，潜至吴军阵地，出其不意，攻其不备，一战即将吴军击败，并乘胜追击，将穷寇围困于吴都城内，再徐徐图之，直至将吴国灭掉。由此可见，勾践与范蠡深得"兵者诡道也"的真谛，以少数兵力为正兵，却以主力为奇兵，奇正结合，卒成大功。

值得指出的是，越王勾践虽卧薪尝胆、励精图治，但终非雄才大略之君主，灭吴之战的所有谋略，实乃尽出之于范蠡。范蠡看出勾践"可与共患难，不可与共乐"，便像孙武那样，功成之后飘然引退，泛舟五湖，成了一代富商。

（《史记·吴太伯世家》等）

韩信大败赵军

公元前 205 年九月，韩信平定魏地后，即令曹参的步卒为前军，转而袭代，兵锋直指井陉口，势在吞灭赵国。

井陉，历来被视为"天下九塞"之一，乃河北之战略要地。其地四面皆山，中间如井，故名曰"井陉"，井径口即进入井陉之口。

赵王歇闻汉兵吞魏灭代，下一步即将击赵，忙与赵之成安君陈余、广武君李左车自信都发兵二十万，先至井陉口要塞，大筑营垒防守。

此时，韩信亦想先夺取井陉，闻赵军二十万众已至井陉要塞，于是在娘子关以西驻军不发。

韩信不愧是名将，在敌情不明的情况下，他绝不会贸然进军。他此时做的，便是了解敌情，以做到"知彼知己"。

韩信先派出间谍至赵营中了解情况。是时，赵军中，广武君李左车劝成安君陈余坚守不战，自请率奇兵断汉军粮道。汉兵远来，时间一长，粮草不继，必不战自溃。陈余本是一个儒生，与常山王张耳同时从戎，后与张耳反目，将雄据赵地的张耳驱逐出去，迎立赵王歇回国。赵王歇感激陈余，立之为代王，陈余见赵王歇年幼，乃留赵辅佐之，掌握赵国的军政大权。陈余自恃有二十万众，当在汉军远来疲弊之时与之决战。

听到间谍的汇报，韩信闻陈余之策而喜。盖韩信远道而来，志在速战速决，早日为刘邦平定三晋之地，使刘邦在与项羽对峙时有一个稳定的后方。而倘若迁延时间一长，汉之后方战乱不休，楚汉之战局实难逆料。因此，韩信得知陈余志在决战，正中下怀，于是开始调兵遣将，准备与赵军决战。

应该说，汉军寡，赵军众，陈余主动与韩信决战的指导思想也并非不合理。而战争的胜负，往往决定于多方面的因素，陈余忽略了一点，即汉军的统帅，是能征善战、用兵如神，不世出的军事奇才韩信。

到了深夜，韩信精选轻骑二千，使之乘夜潜上萆山，令他们在赵军倾巢而出追击大部队时，立即出山攻占赵军营垒，拔赵旗，立汉旗，截断赵军退路。

二千奇兵行后，韩信遣一万士兵先行，至井陉水东岸背水结阵。

黎明时分，韩信令将士们略吃了一点早饭，道："今日破赵军后我们再饱餐一顿！"

一日间，竟想击败二十万赵军？众将士闻言都将信将疑，只得表面上答应："是!"

韩信于是率大军进攻赵壁。韩信唯恐赵军不会空壁而出与他决战，特意树起大将军旗，向井陉口鼓噪而进。

陈余见汉军主动进攻，乃率军出击，与汉军展开激战。许久，韩信方才引兵佯败而走，向汉军万人背水阵方向撤退。赵军见汉军败退，于是倾巢出动进行追击，直追至井陉水东岸。

在井陉水东岸背水结阵的汉兵与退至此地的汉兵见前有追兵，后无退路，只得拼命死战，赵军尽管人多势众，竟不能击败汉军。

正当两军在井陉水岸边血战之际，赵军的后方却已被汉之二千骑兵攻取，换上了汉军的红旗。赵军在遇到了汉军的坚强抵抗后，士气正渐懈怠，忽闻营垒已落入汉兵之手，顷刻大惊，乱成一团，认为汉之援兵到达，已将赵国后方占领，皆无斗志，纷纷掉头而逃。韩信乘机麾军追击，二十万赵军顿时大溃，陈余等亦不能节制，虽杀了几个乱逃的士兵，终不能集合败军以图再战。此战以赵军的大败而告终。

（《史记·淮阴侯列传》等）

巨鹿之战

公元前208年，秦将章邯击败赵军之后兵临邯郸，赵王歇与丞相张耳大恐，仓惶逃到巨鹿，并遣使求楚、燕、齐发兵援助。

此时若不发兵救赵，势必给秦以各个击破之机会，由陈胜首倡的亡秦之举将会灰飞烟灭。故无论是楚怀王，还是燕齐二国，都马上发兵以击秦救赵。

是时，章邯派王离等率军包围巨鹿城，自己则率主力在巨鹿城南列阵，与赶来相救的赵国大将军陈余对峙。

楚怀王则任命宋义为上将军，并赐其号曰"卿子冠军"，意思是"公子上将"，以示尊崇。项羽为次将军，范增为末将，率军十余万至巨鹿击秦救赵。

宋义率军至安阳后，得知章邯大军势猛，不由得大为恐慌，不敢向巨鹿进军，一驻就是四十六天。

项羽认为，赵军目前十分危急，应引军渡漳水猛击秦军，楚击其外，赵应于内，内外合击，定能破秦。于是据理向宋义进谏。

而宋义却以等秦赵两败俱伤后再发兵收渔人之利为由，拒不接受项羽的意见，并下令说："有猛如虎，狠如羊，贪如狼，强不可使者，皆斩之！"这无疑是针对项羽而言。恰好天寒大雨，士卒饥馁，怨声不绝，但宋义却置酒高会，不思进取，项羽乃杀宋义，代宋义统领大军，称"假将军"。

楚怀王闻报，没有办法，干脆任命项羽为上将军。项羽乃引兵渡漳水。"皆沉船，破釜甑，烧庐舍，持三日粮，以示士卒必死，无一还心。"

项羽之所以破釜沉舟，烧毁营寨，仅带三天的粮草，是由于当时秦军人多势众，若不使将士们抱必死之决心，恐怕难以击败秦军。若将士们见归路已绝，身陷死地，必会拼死以战，以一当十。

项羽率军渡漳水后，马上猛烈冲击秦军阵地，九战之，九胜之，杀秦将苏角。

此时，燕齐等诸侯军十余支皆驻扎于巨鹿附近，因各自兵少力单，都不敢主动向秦军进攻。及见项羽率军突入敌阵，杀声震天，锐不可当，无不生敬畏之心。秦军溃败后，诸侯军才敢协助项羽的楚军追击秦军，活捉秦将王离，烧死秦将涉间，章邯率败军退至棘原。

项羽的楚军在巨鹿大战中，以少胜多，打出了威风，故战后项羽召见诸侯将领时，众将"无不膝行而前，莫敢仰视"。项羽从此勇冠天下，威震诸侯，为后来成为"西楚霸王"打下了基础。

（《史记·项羽本纪》等）

子贡富而不骄

人们都知道，大思想家大教育家孔丘，有"三千弟子七十二贤人"。在这"七十二贤人"中，颜回、子路、子贡等十来个弟子，是他最得意的门生，总是跟随在他的左右。但人们未必知道，这里边的子贡原来还是个大富豪。其实，这也不奇怪，因为孔子实行的是"有教无类"的教育方针，就是不论贵贱贤愚都要给以教育。

"子贡"是他的字。他姓端木，名赐，公元前526年出生在卫国，比孔子小三十一岁。他一面学习，一面经商，一面从政。

关于他怎样经商致富，史籍中的记载不多，只说到他"家累千金"。但从字里行间和其他人的一些注释当中，还是可以看出一点线索。

《史记·仲尼弟子传》说，"子贡好废举，与时转货赀"。宋朝人裴骃（yīn）在给这段文字作的《集解》中解释说，"废举"就是贮藏的意思。这两句话的意思是，如果什么货物贱了，他就把它贮藏起来，价格涨了以后，再把它卖出去。这就是说，他很善于掌握价格的发展趋势，因此能够作到贱买贵卖，从中渔利。他还善于掌握各地的货物差价，因而能够把货物从贱的地方买来，再转运到贵的地方卖掉。这就是他得以经商致富的秘诀。

子贡就是在谈论学业的时候，也有时用经商来比喻。有一次，他问孔子：

"如果我有一块美玉，我是用漂亮的盒子把它收藏起来呢，还是等待好价钱卖掉它呢？"

孔子高兴地回答说："沽之哉！沽之哉！我待贾者也。"意思是说：当然要等有好价钱的时候卖掉它了。我就是一个等待好价钱出卖的人。"待价而沽"即源于此。

根据史料记载，子贡经常往返于曹国与鲁国之间，贩运各种货物。同时，他的政务活动，对于他了解各地的行情也是很有益处的。为了帮助老师孔子实现保护鲁国的目的，子贡曾经多次往返于鲁国、齐国、吴国、越国与晋国这五个诸侯间，纵横捭阖，斡旋调解，威胁恫吓，终于保住了弱小的鲁国。这些政治活动，对于他掌握各国的经济情报，也是很有好处的。

他还担任过鲁国和卫国的国相。

子贡不仅富有，政治上的成绩也很骄人的，但他并不盛气凌人，也不敢骄傲。他曾对孔子说："贫而无谄，富而无骄，何如？"贫穷而不谄媚，富贵而不骄傲，怎么样？就是说，他的心里，还是时时在警惕自己的骄傲的。

他说："君子的过失，就像是日蚀。有了过失，大家都能看得到。而如果你改正了过失，大家就都很敬仰你了。"

孔子曾问子贡："你与颜回比，谁更强一些？"

子贡答道："我怎敢与颜回相比！颜回听到一件事，就可以从中知道十件事。而我听到一件事，只能从中知道两件事。"

原宪，非常贫穷。原宪家那土筑的墙上，长满了茅草；用草编成的屋门，用一根桑树枝作门轴；把没底的瓦罐筑到墙里，就算是窗户，再用破布堵上挡风雨；屋顶是漏的，屋地是湿的。要知道，那时人们是在地上坐在地上睡的！子贡听说原宪有病了，便特意在外面套上比较朴素的衣服，到他家里探望他。子贡的车，在原宪家的小巷里都走不开。没想到，原宪对子贡却很是傲慢。当子贡问他是不是有病了的时候，原宪冷冷地说：

"我听说，无财叫作贫，学不能用才叫作病。我没有病，而只是贫。"

子贡面带愧色的退了回来。

子贡的富有，对孔子也是很有帮助的。因为各国诸侯嫌贫爱富，所以他们对子贡都另眼相看。子贡到哪个国家去，那里的君王都与他"分庭抗礼"，就是用平等的礼节来接待他，他去办事就比较容易。救鲁的故事，就是一个例子。

孔子对子贡也是有一定的评价的。有一次子贡问孔子："先生觉得赐是怎样的人？""赐"是子贡自称。

孔子说："女器也。"用今天的话来说，就是：你是一个人才。"器"，就是可以成器的意思。"女"是"汝"，就是你的意思，是第二人称代词。

（《史记·仲尼弟子列传》等）

管子的"轻重学"

在西方的古罗马，大约生活在公元前二三世纪的法学家鲍鲁斯，曾经谈及了货币的理论问题；在古代印度，大约也是在同一时间，出现了谈论货币问题的法典，最早也不会早于公元前六世纪。

而在中国，生活在公元前七世纪的管子，就提出了比较完整的金融货币理论。齐桓公元年是公元前 685 年，管仲同年为相。管子正是应用了这一理论来指导国家的经济活动，从而使得齐国的经济迅速发展并实现了称霸诸侯的目的。所以司马迁在《史记》中说："桓公既得管仲，与鲍叔、隰朋、高傒修齐国政，设轻重鱼盐之利，以赡贫穷，禄贤能，齐人皆悦。"

管仲的著作《管子》。书中有《轻重》甲、乙、丙三篇，比较集中地谈论了货币、金融、物价等问题，在其他很多篇目中，也有这方面的论述。"轻重"一词的本意，有增减、权衡等意义，但作为一门学说，则是一种有关调节商品、货币流通和控制物价等方面的理论了。清朝末年，当政治经济学刚刚传入中国的时候，就曾被译为《轻重学》。

管子认为，货币是君王为了帮助百姓解决交换中的困难而创造的。他说，汤的时代，遇到了七年大旱，禹的时代，遇到了五年大水，百姓没有东西吃，以至于卖儿鬻女。于是，汤和禹便分别用庄山和历山产的铜铸造货币，帮助百姓赎回他们的孩子。

他还阐述货币的作用，说，玉产在禹氏，金产在汝汉，珠产在赤野，产地分布在东西南北，相距甚远，得来很难，所以都很值钱，也就是管子所说的"重"。君王就是利用了它们的重，才以珠玉为上币，以黄金为中币，以刀布为下币。"刀布"就是货币，那时的铜币铸得像一把刀，称为"刀币"。他还特别说明，这三种东西本身，不能保暖，不能解饥，不过是"先王"用来保守财物、管理百姓、平衡天下的手段而已。书中说，"黄金刀币，民之通施也"，"黄金刀布者，民之通货也"。这里的"通"，是沟通的意思，"通施""通货"，都是交换媒介的意思。这里虽然没有使用"一般等价物"这一现代语言来表达，但还颇有一点这个意味。

在两千六百多年以前，管仲就认识到了货币流通与商品价格之间的关系。他说，如果百分之九十的货币由国家收回停止流通，则"币轻而万物重"，币值就会下跌，而物价就会上涨。

鉴货币对物价有着决定性的作用，管子主张由国家垄断铸币权。他建议齐桓公说：大王应该用铜来铸币。如果听任民间铸币，货币的数量无法控制，就会使得物价失去控制，使得百姓遭受盘剥，难以生活。

前面已经介绍过，管子认为珠玉是上币，黄金是中币，刀布是下币，他指出，国家可以通过变动中币黄金的价格，来平衡三种货币的价格关系，从而控制物价。例如，国家向有钱人家借黄金，就可以使黄金的价格上涨。国家支出俸禄等费用的时候，如果使用货币，也可以使货币的价格下跌，而物价上涨。

对于物价的控制，管子也提出了一套办法。他认为，"衡无数也"，物价不可能总是一个样子的。只是在物价过低的时候，国家收购商品，就可以使物价上扬；相反，在物价腾贵的时候，国家就可以售出一些库存，这可以促使物价回落。这样，物价就可以稳定在一定的范围之内。

管子甚至提出一些国际贸易的价格政策。他举了一个例子。周武王曾经在巨桥设立谷仓，并且设立专门的金库收买天下的粮食。由于他囤积了大量的粮食，使民间粮食减少，谷价上涨了二十倍，结果他仓中的粮食也增值二十倍。他用这些增值的钱购买自己需要的绸缎和军需，一辈子也用不着向百姓敛钱。我们齐国虽然没有那么多的粮食，我们却有盐。一个十口之家，就得有十个人吃盐。人不吃盐，就会浮肿。如果国家把盐控制起来，不准私人煮盐，国家贮存的盐就会涨价四十倍，把这些盐运到楚国、宋国、赵国、卫国等不产盐的国家去卖，我们齐国不是就有足够的钱用了吗？我因此可以认为，管子是最早提出国际经济垄断政策的人。同时，他提出的盐的专卖政策，成了以后中国历代统治者坚持的政策。

这了避免物资外流，他还提出"天下高则高，天下下则下"的国际价格政策。就是说，国外某种货物价格高，我国也应该提高它的价格，否则，"天下高我下，则财利税于天下矣!"如果国外价格高国内价格低，就会造成物资外流，让外国得到好处而损害了自己。

由于管仲充分利用了齐国的"轻重鱼盐之利"，使得齐国的经济得到了很大的发展，百姓得到了实惠，所以会出现齐国大治九合诸侯的局面。

（《史记·齐太公世家》等）

管仲治国　国富民强

管仲又名夷吾，后世称为管子。他虽是周朝王族的后裔，但年轻时贫穷，只好以经商为业，与自己的朋友鲍叔一起贩贱卖贵。因为他穷，所以在与鲍叔分配利润的时候，他总是得的多一些。鲍叔也不与他计较。

那时，人们把经商视为"末业"，商人是很受歧视的。管仲和鲍叔也不甘心一辈子经商。当时，齐国正处在政治危机之中。齐襄公与自己的妹妹、鲁桓公的夫人私通，并谋害了鲁桓公。因此，与鲁国的矛盾很尖锐。并且，襄公又与自己的堂兄公孙无知争夺王位，两人之间的矛盾一触即发。在这种情况下，襄公的两个异母弟弟公子纠和公子小白纷纷逃往外国。管仲和鲍叔觉得这是个机会，便想投奔他们两个人中的一个。鲍叔觉得，从当时的实力和排行位次上看，公子纠是次子，如果长兄襄公死了，公子纠即位的可能性则更大一些，因此建议他们去投奔公子纠。管仲说，小白虽然是三子，为王的可能性也不是没有，他建议脚踩两只船。经过商议，鲍叔投奔了公子小白，同小白一起逃到莒国。管仲投奔了公子纠，同公子纠一起逃到了鲁国。

不久，襄王被杀，自立为王的公孙无知也死于内乱。

鲁和莒都得到了公孙无知被杀的消息，都派兵护送他们回国争夺王位。鲁国还派管仲带兵堵截小白。管仲迎到小白后，一箭射去，正击中小白的衣带钩，小白应声倒下装死。管仲以为小白已经被射死，便派人送信给公子纠，公子纠觉得没了竞争对手，也就放慢了速度。小白抢先一步到达首都临淄，被支持他的人拥立为齐王，就是后世所说的齐桓公。不久，齐国又打败了鲁国，逼使鲁国杀了公子纠。

齐桓公当然也想杀管仲，特别是还有那一箭之仇。但鲍叔对他说，如果想称霸诸侯，没有管仲是不行的。桓公求贤若渴，不计前嫌。声称要亲自处死管仲，要求鲁国把管仲送到齐国。

当管仲被押回齐国的时候，齐桓公亲自迎到郊外，给他解下刑具，非常谦恭地向他请教说："我国先君襄公耽于享乐不问国政，搞得国家无法发展。这样下去，我们国家就会危险，不知先生有什么良策？"

管仲说，周昭王穆王的时候，曾经遵从文王武王的办法，把老人们请到一起，让他们选拔出类拔萃的人才；还把律令写到高高的门阙上，让百姓都能知道。他们注意发展农业这样的根本，也注意发展工商这样的末业。用奖励来鼓励百姓的积极性，用刑罚来纠正他们的过错。还使长幼有序，纲纪分明。

桓公又急着问他：我到底该怎么办呢？

管仲说，士、工、商、农这四种人，不能混杂。士是作官的人，就要让他们有一个安静的环境；工都是官奴，他们都得到官府来干活；商人就得在市场上交易；农民就要在田野中劳作。这样才能保证他们不见异思迁。

为工的人在一起，他们就能从早到晚钻研技术，教导子弟，使他们的孩子也永远务工。让经商的人经常在一起，他们就可以观察四时的变化，了解市场行情，调动人力车马，调济四方的物产，用他们的所有换取他们的所无，买贱卖贵，并且从早到晚让他们的子弟学习赢利的方法，使他们的后代永远经商。让务农的人集中在一起，他们就可以注意节令的变化，注意维护和合理地使用他们的各种农具，不误农时地播种耕耘，精耕细作。他们从早到晚劳作在田野，不怕脏累辛苦，尽心尽力。他们的孩子也会在口教目染之中学会农耕，世世务农，不会萌生恶习。

为了使自己的这一主张得以实现，管子还向桓公提出了建立城乡居民组织和军事组织的建议。

桓公愉快地接受了管子的建议。并任他为齐国的国相，从而使管仲的主张得以实现。

管仲利用齐国在海边的自然条件，充分发展渔业和盐业，又大力发展商业流通，注意对铸造货币的规划和管理。这样，齐国的经济飞快地发展起来。他还注意听取民间的意见，广大百姓愿意的事，就积极的办下去；广大百姓不愿意的事，就改掉。从而使得百姓乐于听从国家的命令。

经济实力的增强，也带来了军事实力的增强，齐国终于在桓公的时代发展成天下最富足的国家，齐桓公也成了历史上有名的霸主。

管仲自己的家也成了同公室一样富有的家族。

（《史记·齐太公世家》等）

杀猪诚信

孔子弟子三千，而特别贤能的，有七十二人。他的学生大多于学问之外，又十分注意修身养性，恪守礼仪，行为高尚。曾参，字少舆，小孔子四十六岁，为孔子七十余贤弟子之一。《韩诗外传》载，曾参早时曾经为吏，俸禄微薄，但仍高高兴兴，不减其乐。后来他的职位高了，俸禄很多，却反而北向而泣，丝毫不觉其乐。曾参自己解释说："俸禄少时，因为我的双亲在堂上，可以用薄俸奉养双亲，所以很快乐；后来我双亲都不在了，虽位高禄多，却已经无亲可以奉养，所以悲伤而泣。"因为这件事，其老师孔子认为曾参"能通孝道"，"故授之业，作孝经"。

曾参品行端正，是因为自我约束。据他自己说，他每天的必修课是："吾日三省吾身，为人谋而不忠乎？与朋友交而不信乎？传不习乎？"（《论语·学而》）意思是说，他每天都要三次反省，从忠、信、习三个方面对照检查自己：为别人办事忠诚不忠诚，与朋友交往诚信不诚信，老师传授的知识复习没复习。不光如此，曾参还受其老师孔子的影响，十分注重对子女的教育，从平时的言行中，培养子女的良好品德。

有一次，曾参的妻子要到市场上去买东西，不懂事的儿子，跟在母亲后面吵闹着要一道去。因为带着一个年幼的孩子毕竟不方便，做妈妈的不愿带他去，孩子便哭了起来。曾参的妻子被儿子纠缠得无法可想，便随口哄骗儿子道："你在家里好好呆着，等我从市场上回来，把我们家的猪杀了给你肉吃。"曾参的儿子一听这话，非常高兴，便不再哭闹，真的乖乖地呆在了家里。

曾参的妻子，便将此事丢在了脑后。不料曾参听到妻子对儿子的许诺，真的将家中养的猪捆绑起来，准备宰杀。曾参妻子急忙拦住丈夫，说："我不过是随便哄哄孩子罢了，你怎么还真的要杀猪？难道为了这么一句哄孩子的话，就真的把一头大肥猪杀掉吗？"曾参听妻子这样说，便语重心长地回答道："孩子是不能欺骗的！你想想，孩子本来是没有知识的，他接触到的，是他的父母亲，所以什么都跟父母亲学。你现在哄骗他，实际上等于是在教他欺骗。再说，你做妈妈的欺骗了孩子，孩子以后自然也就不相信你了，你以后还怎么教育孩子呢？"

曾参的话语虽然浅显，道理却中肯而深刻，说得妻子再也不阻拦他杀猪了。曾参把猪杀掉，真的让儿子吃到了猪肉。

示人以信，信守诺言，这是人际交往中最起码的原则。孔子曾经说过："人而无信，不知其可。"古人提倡"仁义礼智信"，将"信"列为人生的一条重要的、必备的品格，是很有道理的。曾参的妻子认为一句话是小事，杀一头猪是大事，因而不愿因小失大。曾参的价值观恰恰与妻子相反，他认为杀一头猪是小事，失信于孩子倒是大事，曾参的做法无疑是对的。曾参的妻子很快明白了其中的道理，从善如流，也不失为一个聪明人。

（《史记·仲尼弟子列传》等）

孔夫子教儿

我国春秋末期的大圣人，著名的思想家、教育家、儒家学说的创始人孔子。五十多岁时，曾一度任过大司寇，但不久就因政见不合，愤而离开鲁国，周游齐、卫、宋、陈、蔡、楚等列国。他的一生主要是以讲学培植人才为主，其入门的弟子达三千人，可说是桃李满天下。其中"受业身通"，能够深刻领会其思想、学术的弟子有七十余人。现存的《论语》二十篇，就是记其师徒问答的实况，其中留下了孔子许多宝贵的教育思想，是他留给后人的一笔宝贵遗产。

孔子一生从事教育，又非常重视教育。他的教育思想，很多都包含着朴素的唯物辩证法，闪耀着睿智的光芒。而他在辛勤培育桃李时，也没有忘记对自己的儿子孔鲤随时加以教育。

有一天，孔子正站在庭院中，儿子伯鱼从他旁边快步走过。孔子叫住伯鱼，关切地问道："你学习过《诗经》了吗?"伯鱼停下脚步，恭恭敬敬地回答父亲道："还没学过。"孔子听儿子说没有学过，便教育他道："一定要好好学习《诗经》，不学习《诗经》，你连说话都不知道该怎么讲。"在父亲的启发下，伯鱼开始学习《诗经》。

　　还有一次，孔子恰好又站在庭院中，伯鱼像上次一样，也是快步从旁边走过。孔子顺便叫住儿子，问他道："你学习过《礼记》吗？"伯鱼当时尚没有读过《礼记》，便恭敬地照实回答父亲："还没读过。"孔子语重心长地开导儿子说："《礼记》是教人行为规则的，你不学习《礼记》，就不知道应该怎样做，也就无法立足于社会。"伯鱼听了父亲的话，便又认认真真地学习起《礼记》来。

　　后来，孔子特意又抽了个空，教导伯鱼说："我听说能够跟人整天孜孜不倦地谈论的，只有学问这样东西。外貌、身体不足观，勇力也不值得害怕。倘若一个人既没有可以炫耀的祖先，又没有值得一提的宗族姓氏，而最终却能够名播四方，并且传之后世，不也是做学问的结果吗？因此，君子是不能够不学习的！……"

　　孔子教育儿子的话十分深刻，直到今天，对我们仍有很大启发。从孔子教育儿子的话语以及要求伯鱼所读的书籍中，可以看出孔子是十分重视传统文化、十分重视知识的。可惜的是，伯鱼活的年岁并不太长，刚满五十岁，便早于孔子而先去世了。

（《史记·孔子世家》等）

人物春秋

纵横捭阖并六国——秦始皇

秦始皇帝，是秦庄襄王的儿子。庄襄王在赵国为秦国人质时，见吕不韦的姬妾，很喜欢，就娶了她，生了始皇。始皇于秦昭王四十八年正月生于邯郸。待到出生后，取名为政，姓赵氏。十三岁，庄襄王死了，政继位为秦王。当时，秦国已经兼并了巴、蜀、汉中，越过宛占有了郢，设置了南郡；往北取得了上郡以东，占有了河东、太原、上党郡；东边到达荥阳，消灭了西周、东周，设置了三川郡。吕不韦做丞相，封邑十万户，号为文信侯。招揽宾客游士，意欲吞并天下。李斯为舍人，蒙骜、王齮、麃公等为将军。秦王年幼，即位初期，国家政事交由大臣处理。

秦元政元年，晋阳反叛，将军蒙骜平定了叛乱。二年，麃公率军攻打卷邑，杀死了三万人。三年，蒙骜攻打韩国，夺取了城邑十三个。王齮死了。十月，将军蒙骜攻打魏国的畼邑、有诡。当年粮食大歉收。四年，攻克畼邑、有诡。三月，撤回了军队。秦国的人质从赵国返回，赵国太子离开秦国回国。十月庚寅，蝗虫从东方飞来，庶蔽了天空。天下瘟疫。百姓缴纳一千石粟米拜爵一级。五年，将军蒙骜进攻魏国，用武力攻克酸枣、燕邑、虚邑、长平、雍丘、山阳城，共夺取了二十个城邑，开始设置东郡。冬天打雷。

六年，韩国、魏国、赵国、卫国、楚国一起进攻秦国，夺取了寿陵。秦国出兵，五国的军队撤了回来。秦国攻克卫国，进逼东郡，卫君角率领他的支属迁居野王，凭籍山险保卫魏国境内的河内地区。七年，彗星先出现在东方，又出现在北方，五月出现在西方。将军蒙骜死了。是因为攻打龙邑、孤邑、庆都，又回军攻打汲邑（而死去的）。彗星又在西方出现了十六天。夏太后死。八年，秦王的弟弟长安君成蟜率领军队攻打赵国，举兵反叛，亡于屯留，他的军吏都被斩首处死，把屯留民众迁徙到临洮。将军壁死了，士卒屯留人蒲鶮反叛，斩戮他的尸体。河鱼被大量冲到平地上，秦国人轻车重马地到东边来就地食用。嫪毐封为长信侯。赐给他山阳地区，让他居住。宫室、车马、衣服、苑囿、游猎对嫪毐一律不加限制。事无大小都由嫪毐决断。又把河西、太原郡改为嫪毐的封国。

九年，彗星出现，有时光芒满天。攻打魏国的垣邑、蒲阳。四月，秦王住宿在雍地。己酉，秦王举行寇礼，佩带宝剑。长信侯嫪毐作乱阴谋被发觉了，就诈用秦王印信和太后印信调动县邑的军队和警卫士卒、国家骑兵、戎翟首领、舍人，打算进攻蕲年宫，发动叛乱。秦王闻知，派相国昌平君、昌文君调遣士卒，进攻嫪毐。在咸阳交战，杀死了数百人，（斩首有功的人）都得到了爵位，宦者参加战斗的，也得到一级爵位。嫪毐等人战败逃跑了。秦王就在全国下令：有活捉的，赏钱一百万；

杀死嫪毐的，赏钱五十万。全部抓获了嫪毐等人。卫尉竭、内史肆、佐弋竭、中大夫令齐等二十人都被斩首悬挂。又把他们五马分尸，巡行示众，夷灭了他们的宗族。嫪毐的舍人，罪轻的服刑三年。削除爵位迁徙蜀地的有四千多家，居住在房陵。这个月天寒地冻，有被冻死的。杨端和攻打衍氏。彗星出现在西方，又出现在北方，跟随北斗向南移动了八十天。

十年，相国吕不韦由于嫪毐的牵连，免去了相国职务。桓齮为将军。齐国、赵国的使者来了，摆酒设筵。齐国人茅焦上谏秦王说："秦国正在打算经营天以，并以之为己任，而大王有迁徙母太后的名声，恐怕各国诸侯听到这件事，由此引起背叛秦国。"秦王就去雍地迎接太后，回到咸阳，又重新居住在甘泉宫。

秦王大规模地进行搜索，驱逐诸侯国宾客。李斯劝阻，秦王就废除了驱逐宾客的命令。他乘机建议秦王，首先攻取韩国，使其他诸侯国感到恐惧。于是秦王派李斯攻打韩国。韩王很忧虑，和韩非商量削弱秦国的力量。大梁人尉缭来到秦国，劝告秦王说："以秦国的强大力量，（与诸侯相比）诸侯就像一个郡县的君主，但是我担心诸侯联合起来，声色不露，出其不意地攻打秦国，这就是智伯、夫差、湣王所以灭亡的原因。希望大王不要吝惜财物，贿赂他们有权势的大臣，破坏他们的计划，失去的不过三十万斤黄金，而诸侯则可以全部消灭。"秦王听从了他的建议，每次都以平等的礼节接见尉缭，衣服、饮食也与尉缭一样。尉缭说："秦王，高鼻梁，细长的眼睛，鸷鸟一样的胸膛，豺狼一样的声音，刻薄寡恩，心如虎狼，处于穷困时容易谦卑下人，得志时也容易吞噬人。我是一个平民百姓，然而接见我时，常常甘居我下。如果秦王得志于天下，天下人都要成为他的俘虏了。不能和他长期相处。"尉缭就逃走了。秦王发觉了，坚决地挽留他，让他做秦国国尉，终于接受。而这时李斯主持朝政。

十一年，王翦、桓齮、杨端和攻打邺邑，夺取了九个城邑。王翦攻打阏与、橑阳，把全部士卒合并成一支军队。王翦统率全军，过了十八天，遣返军队中斗食以下的无功人员，十人中推选二人从军，攻下邺邑、橑阳，是桓齮领兵攻克的。

十二年，文信侯吕不韦死，偷偷地埋葬了他的尸体。吕不韦的舍人，来哭吊的，如果是晋人就驱逐出境；如果是秦人，俸禄在六百石以上的削除爵位，迁离旧居，五百石以下没有来哭吊的，也迁离旧居，不削除爵位。自此，治理国家政事，像嫪毐、吕不韦一样为逆不道的，抄没他的全家，按照这个样子处理。秋天，嫪毐的舍人应该迁徙蜀而予以赦免赦免。当时，天下大旱，从六月到八月才下雨。

十三年，桓齮攻打赵国的平阳，杀死了赵国将领扈辄，斩首十万。赵王逃往河南。正月，彗星出现在东方。十月，桓齮攻打赵国。十四年，在平阳进攻赵国军队，夺取了宜安，打垮了赵国军队，杀死了它的将军。桓齮平定了平阳、武城。韩非出使秦国，秦国采纳李斯的计策，留韩非在秦国，韩非死在云阳。韩王请求作为秦国的臣属。十五年，秦国大举出兵，一支军队到达邺邑，一支军队到达太原，攻下了狼孟。有地震发生。十六年九月，派兵接收韩国南阳地区，腾暂时代理郡守。开始下令男女登记年龄。魏国向秦国献纳土地。秦国设置丽邑。十七年，内史腾攻打韩国，抓获了韩王安，兼并了全部韩国领土，把它的领土设置了一个郡，命名为颍川。发生地震。华阳太后死了。民间百姓出现严重的饥饿。十八年，大举出兵进攻赵国，王翦统率上地士卒，攻下井陉。杨端和统率河内士卒，羌瘣率军攻打赵国，杨端和围攻邯郸城。十九年，王翦、羌瘣全部攻占和平定了赵国东阳地区，抓获了赵王。率兵准备攻燕，军队驻扎在中山。秦王来到邯郸，凡是他生活在赵国时曾与母亲有家仇的，全部坑杀。秦王返回秦国，是从太原、上郡回来的。始皇帝的母亲皇太后去世。赵国公子嘉带领他的宗族几百人前往代地，自立为代王，向东与燕国的军队联合起来，驻扎上谷。这一年发生严重饥荒。

二十年，燕国太子丹担忧秦国的军队来到燕国，心里慌恐不安，派遣荆轲刺秦王。秦王察觉了。肢解了荆轲巡行示众，派王翦、辛胜进攻燕国。燕国、代国出兵攻击秦国军队，秦国军队在易水西边打败了燕国军队。二十一年，王贲进攻荆地。调遣更多的士卒前往王翦军队，于是打垮了燕太子的军队，攻下燕国的蓟城，得到了太子丹的首级。燕王向东聚集辽东兵力，在那里称王。王翦推托有病，告老还乡。新郑反叛。昌平君迁徙到郢地。下大雪，雪有二尺五寸深。二十二年，王贲进攻魏国，挖沟引河水淹灌大梁，大梁城墙毁坏，魏王请求投降，秦国占领了全部魏国领土。二十三年，秦王又征召王翦，坚持要起用他，派他率军攻打荆国。攻下陈地以南至平舆一带，俘虏了荆王。秦王巡游到达郢陈。荆将项燕立昌平君为荆王，在淮水南边起兵反秦。二十四年，王翦、蒙武进攻荆地，打败了荆军，昌平君战死，项燕也就自杀了。二十五年，大举出兵，派王贲为将，率军进攻燕国辽东地区，抓获了燕王喜。回军攻伐代国，俘虏了代王嘉。王翦平定了荆国江南地区；降服了越君，设置会稽郡。五月，天下欢聚宴饮。二十六年，齐王建和齐相后胜调遣军队防守西部边界，不与秦国来往。秦国派将军王贲从燕国南下进攻齐国，俘虏了齐王建。

秦国刚刚兼并天下，下令丞相、御史说："前些时候韩王交出上地，奉献国王的印章，请求成为藩臣。不久背约，与赵国、魏国联合起来背叛秦国，所以我兴兵讨伐，俘虏了韩国的国王。我认为这是件好事，大概可以偃兵息革了。赵王派他的丞相李牧来签订盟约，所以送回了他的作人质的儿子。不久赵国背叛了盟约，在我国太原起兵反抗，所以我兴兵讨伐，抓获了它的国王。赵国公子嘉自立为代王，所以我又发兵消灭了他。魏王最初说定臣服秦国，不久与韩国、赵国阴谋袭击秦国，秦国吏卒前往讨伐；摧毁了魏国。荆国献纳青阳以西的土地，不久违背约定，进攻我国南郡，所以我发兵讨伐，捕获了荆国国王，平定了荆地。燕王头昏脑乱，他的太子丹暗中指使荆轲做贼，秦国吏卒前去讨伐，灭亡了他的国家。齐王采用后胜的计策，不让秦国使者进入齐国，打算兴兵作乱，我派吏卒去讨伐，俘虏了齐国国王，平定了齐地。我微不足道，发兵诛暴讨乱，靠着祖先宗庙的威灵，六国国王已各服其罪，天下完全平定了，现在不改换名字，就不能颂扬建立的功业，流传后世。希望议论一下帝王的称号。"丞相王绾、御史大夫冯劫、廷尉李斯等都说："过去五帝管辖千里见方的地区，在这个地区之外的侯服、夷服，有的诸侯朝贡，有的诸侯不朝贡，天子不能控制。现在陛下调遣义军，诛暴讨贼，平定天下，四海之内，设置郡县，统一法令，这是从上古以来所没有过的，五帝也望尘莫及。我们谨慎地和博士讨论，都说：'古代有天皇，有地皇，有泰皇，泰皇最高贵。'我们冒着死罪献上尊号，王称为'泰皇'。天子之命称为'制'，天子之令称为'诏'，天子自称叫'朕'。"秦王说："去掉'泰'字，留下'皇'字，采用上古表示地位称号的'帝'字，叫作'皇帝'。其他按照议定的意见。"下达制命说："可以。"追尊庄襄王为太上皇。皇帝下达制命说："我听说远古有称号，没有谥号，中古有称号，死后根据生前行迹确定谥号。这样做，就是儿子议论父亲，臣子议论君主，意义微小，我不采取这种做法。自此，废除谥法。我是始皇帝。子孙后代用数计算，从二世、三世至于万世，传袭无穷。"

始皇根据五德终始的嬗递次序进行推演，认为周朝得到了火德，秦朝代替周朝的火德，遵循五行相胜的法则，现在是水德的开端。改变一年的首月，十月初一君臣入朝庆贺。衣服、旄旌、节旗都崇尚黑色。数目用六作标准，符、法冠都六寸，舆车宽六尺，六尺为步，驾车用六匹马。把河改名德水，作为水德的开始。为政强硬果决，暴戾苛细，事情都依法决断，刻薄严峻，没有仁爱恩德，没有温情道义，认为如此才符合五德演变的原则。于是急迫地加强法制，囚禁时间已经很长的罪犯也不赦免。

丞相王绾等建议说："各国诸侯刚被消灭，燕、齐、荆地辽远，不在那里立王，就没有人来安定燕、齐、荆。请把皇帝的几个儿子立为王，希望得到皇帝的赞成。"始皇把王绾等人的建议交给群臣讨论，群臣都认为很适宜。廷尉李斯建议说："周文王、周武王所封立的同姓子弟很多，然而后来族属疏远，互相攻击，如同仇敌，诸侯交相讨伐，周天子不能控制。现在依靠陛下的神灵统一了天下，都划分成为郡县，皇帝的子弟和功臣，都用国家的赋税重加赏赐，（这种局面，）很容易治理。天下没有二心，这就是国家安定的方法。封立诸侯是不适宜的。"始皇说："天下苦于无休止的战争，是因为有诸侯王的缘故。依靠宗庙之灵，刚刚平定了天下，再去建立诸侯国，这是自我树敌，而要求得安宁，岂不是很困难的吗！廷尉的建议是正确的。"

划分全国为三十六郡，郡设守、尉、监。百姓改称"黔首"。天下欢聚宴饮，收集天下兵器，集中在咸阳，熔铸成钟；又铸造了十二个铜人，每一个重一千石，安置在宫廷中。统一法律制度和度量衡标准。规定车子两轮距离相同。书写采用统一的文字。全国地域东至大海和朝鲜，西至临洮、羌中，南至门朝北开的地区，北据黄河为屏障，顺着阴山直至辽东。把天下豪富十二万户迁徙到咸阳。秦国各王的陵庙和章台、上林苑都在渭水南岸。秦国每消灭一个诸侯国，就描模它的宫殿，在咸阳北坡上仿效建造，南临渭水，从雍门以东到达泾水、渭水汇流地区，宫殿室宇、空中栈道和缭绕回旋的阁道连续不断。从诸侯国掳掠来的美女、钟鼓，都安置在里面。

二十七年，始皇巡行陇西、北地，来到鸡头山，（返回时）路过回中。于是在渭水南面建造信宫，不久把信宫改名为极庙，象征天极星。从极庙修路通往郦山，又建造了甘泉宫前殿，修筑甬道，从咸阳和它相连。这一年，赐予全国民爵一极。修建驰道。

二十八年，始皇向东巡行郡县，登上邹峰山。树立石碑，和鲁地儒生商议，刻写石碑颂扬秦朝的功德，又讨论封禅和望祭山川的事情。于是就登上泰山，树立石碑，积土成坛，祭祀上天。下山时，忽然风雨来临，始皇停留在树下（躲避风雨），因此封这棵树为五大夫。又到梁父辟地为基，祭祀了大地。在所立的石碑上进行刻辞，碑辞说：

皇帝即位，创立制度，申明法令，臣下修治严整。二十六年，开始兼并了天下，没有不顺从的。亲自巡视远方的百姓。登上这座泰山，遍览最东边的疆域。随从的臣属回忆走过的道路，探求事业的来龙去脉，恭敬地颂扬秦朝的功德。治国的方法得到贯彻执行，各项生产安排适宜，都有一定的规则。伟大真理美好而又光明，要流传后世，继承下来，不要改变。皇帝神圣，平定天下，仍坚持不懈地治理国家。早起晚睡，谋求长远的利益，特别重视对臣民的教导。有关治国的教诲和法则传播四方，远近都得到治理，完全接受了皇帝的圣意。贵贱等级分明，男女依礼行事，谨慎地遵守各自的职责。明显地使内外有别，无不感到清静而纯洁，这种情况要延续到子孙后代。教化到之处，无穷无尽，遵循遗留下来的诏令，永远继承这重要的告诫。

　　于是沿着渤海东行，经过黄县、睡县，攀上成山的最高点，登上之罘的顶峰，树立石碑，颂扬秦朝的德业，然后离去。

　　向南登上琅邪，非常高兴，逗留了三个月。把三万户百姓迁徙到琅邪台下，免除十二年徭役。修建琅邪台，立碑刻辞，颂扬秦朝的功业，表明符合天下的意志。刻辞说：

　　二十八年，刚开始做皇帝。制定了公正的法律制度，这是天下万物的准则。以此来明确人们之间的关系，使父子同心协力。皇帝神圣明智而又仁义，明白一切事物的道理。向东巡视东部地区，检阅士卒。巡视已经完全结束，就来到了海边。皇帝的功勋，在于辛勤地操劳国家的根本大事。重农抑商，百姓富裕。举国上下，一心一意。器物标准一致，统一书写文字。凡是日月所照，舟车所至，都能完成皇帝的使命，他所作所为没有不符合天下意志的。只有皇帝，根据适当的时机来办理事情。整顿不良的风俗，跨山越水不受地域的限制。优恤百姓，早晚都不懈怠。消除疑虑，制定法令，大家都知道避免触犯刑律。郡守分别管理地方政务，各项政务的处理方法简单易行。采取的措施都很恰如其分，没有不整齐划一的。皇帝圣明，亲自到四方巡视。尊卑贵贱，不逾越等级。奸诈邪恶的现象不许存在。百姓都力求做一个正直善良的人。大小事情都尽全力，不敢懈怠荒忽。不论远近，还是偏僻的地方，都一心做到严肃庄重，正直忠厚，办事有一定的规则。皇帝的德泽，安定了四方。讨伐暴乱，消除祸患，兴办好事，带来福祉。根据时令来安排事情，各种产品不断增多。百姓安宁，不再战争。六亲相安，终身没有盗贼。高兴地遵守国家的教化，人人通晓法律制度。天上地下，四面八方，都是皇帝的领土。西边到达流沙，南边以门朝北开的地方为极限。东边有东海，北边越过了大夏。人们足迹所至，没有不臣服的。功勋超越五帝，恩惠施及牛马，人人得到皇帝的德泽，生活安定平和。

秦王兼并全国，确定了皇帝这一称号，于是抚巡东部地区，到达琅邪。列侯武城侯王离、列侯通武侯王贲、伦侯建成侯赵亥、伦侯昌武侯成、伦侯武信侯冯毋择、丞相隗林、丞相王绾、卿李斯、卿王戊、五大夫赵婴、五大夫杨樛随从，他们和始皇在海边谈论秦朝的功德说："古代称帝的人，领土不过纵横千里，诸侯各自固守自己的疆域，有的朝贡，有的不朝贡，互相侵伐，为暴作乱，残杀无已，然而还是刻金勒石，记载自己的功业。古代五帝、三王，实行的智术教化不一样，法律制度不明确，借助鬼神的威力，来欺骗远方的百姓，实际情况和称号不相符，所以国家命运不长久。人还没有死去，诸侯就背叛了，法令不得推行。如今皇帝统一了四海之内，把全国分为郡县，天下安宁而和谐。发扬光大宗庙的威灵，服膺真理，广布恩德，名副其实地得到了皇帝这一尊号。群臣一起颂扬皇帝的功德，铭刻在金石上，作为后世的楷模。"

立石刻辞结束后，齐人徐市等上书，说海中有三座神山，名叫蓬莱、方丈、瀛洲，仙人居住在那里。希望斋戒沐浴，和童男童女寻求三座神山。于是派遣徐市挑选童男童女数千人，到海中寻找仙人。

始皇返回之时，路过彭城，斋戒祈祷，想要从泗水打捞周鼎。让成千人潜入水中寻找，没有找到。于是就向西南走去，渡过淮水，前往衡山、南郡。泛舟江上，来到湘山祭拜。途遇大风，几乎不能渡水上山。始皇问博士说："湘君是什么神？"博士回答说："听说是尧的女儿，舜的妻子，死后埋葬在这里。"于是始皇非常生气，让刑徒三千人把湘山上的树木全部砍光，全山露出红色的土壤。始皇从南郡取道武关回到咸阳。

二十九年，始皇向东巡游。到了阳武博浪沙，被强盗惊吓了一场。追捕强盗，没有抓获，就命令全国大肆搜查十天。始皇登上之罘，镌刻石碑。碑文说：

二十九年，春季第二个月的时候，天气暖和起来。皇帝去东方巡游，登上了之罘，面对着大海。随从的臣属看到这美好的景色，回忆皇帝的丰功伟绩，追念统一大业的始末。伟大的皇帝开始治理国家，制定了法律制度，彰明纲纪。对外教诲诸侯，普施教化，广布惠泽，阐明道理。六国诸侯奸回邪僻，贪婪乖戾，欲壑无厌，残虐杀戮，永无休止。皇帝哀怜民众，就调遣征伐大军，奋武扬威。进行正义的讨伐，采取诚信的行动，武威光耀，远播四方，没有不降服的。消灭了强暴的势力，拯救了百姓，安定了天下。普遍推行严明的法律制度，治理天下，成为永久的准则。真伟大！普天之下，都遵循皇帝的神圣意志。群臣颂扬皇帝的功勋，请求镌刻在石碑上，记载下来，作为永垂后世的法则。

二十九年，皇帝在春天巡游，视察远方。到了海边，就登上之罘，面对着初升的太阳，观望辽阔而又秀丽的景色，随从的臣属都怀念往事，回忆走过的道路是非常光明的。英明法治最初施行的时候，就对国内的坏人坏事进行了清理，对外讨伐强暴的敌人。军威远扬，四方震动，消灭了六国，俘获了他们的国王。开拓领土，统一天下，消除战乱祸患，永远停止战争。皇帝圣德明智，治理国家，处理政务，毫不懈怠。创立重大的法律制度，明确设置统一的标准器用，都有规则。有职之臣都遵守本分，知道自己该做些什么，事情没有疑猜之处。百姓发生了变化，远处近处都统一制度，自古以来是最好的时代。每人已经确定了固定的职务，子孙后代循守旧业，永远继承这英明的政治。群臣颂美皇帝的恩德，恭敬地赞扬他的伟大功业，请求在之罘山上立碑刻辞。不久，就前往琅邪，从上党回到咸阳。

三十年，没有发生重大的事情。三十一年十二月，把腊祭改名叫"嘉平"。赏赐百姓每里六石米、两只羊。始皇易服出行咸阳，四个武士随从。夜间出来时，在兰池遇上盗贼，为盗贼所困逼。武士杀死了盗贼，在关中大肆搜查了二十天。粮价一石达到一千六百钱。三十二年，始皇前往碣石，派燕地人卢生访求羡门、高誓。在碣石城门上刻辞。摧毁城郭，挖通堤防。城门上的刻辞说：

于是调遣军队，诛伐无道，为暴作逆的人被消灭了。用武力平息暴乱，用文治保护无罪的人，全国上下人心归服。加恩论叙有功人员的功劳，连牛马都得到了赏赐，恩惠润泽了大地。皇帝扬威，依靠正义的战争兼并了诸侯，第一次统一了全国，天下太平。拆毁六国的城郭，挖通河堤，铲平险阻。地面上各种军事障碍已经夷平，百姓不再服事徭役，天下安定。男乐于耕种他的土地，女的从事她的家庭手工业，各项事业井井有条。

各项生产都蒙受皇帝的惠泽，当地的农民和外来的农民，无不安居乐业。群臣颂扬皇帝的功绩，请求镌刻这一石碑，为后世垂示规范。

派韩终、侯公、石生寻访仙人求取长生不死的灵药。始皇巡行北方边境，从上郡回到咸阳。燕地人卢生被派入海中寻找仙人回来了，因为向始皇报告鬼神之事，就借机献上抄录的图书，上面说："灭亡秦朝的是胡。"始皇就派将军蒙恬发兵三十万人，向北攻打胡人，并取河南地带。

三十三年，征发曾经逃亡的罪犯，入赘女家的男子、商人攻取陆梁地区，设置桂林郡、象郡、南海郡，把有罪应当流徙的人派去戍守。在西北方驱逐匈奴。从榆中沿着黄河往东，直至阴山，（在这一地区）设置三十四个县，在黄河附近修筑要塞。又派蒙恬渡过黄河攻占高阙、阳山、北假地带，修筑亭障来驱逐戎人。迁徙罪犯，安排到刚刚建立的县邑中。禁止民间祭祀。彗星出现在西方。

三十四年，贬斥听讼断狱不公平的官吏，让他们去修筑长城和戍守南越地区。

始皇在咸阳宫摆酒设宴，七十个博士上前敬酒祝寿。仆射周青臣颂扬说："秦国从前的地域不超过一千里，依靠陛下神灵圣明，平定了天下，驱逐了蛮夷，太阳和月亮所能照到地方，没有不降服的。把各国诸侯的领土置为郡县，人人安居乐业，没有战争之忧，这功业可以流传万世，从远古以来没有人能赶得上陛下的威德。"始皇很高兴。博士齐人淳于越进谏说："我听说殷周称王天下一千多年，分封子弟和功臣，作为自己的辅助势力。现在陛下拥有天下，而子弟却是平民百姓，偶然出现田常、六卿一样的臣属，无人辅佐，靠什么来挽救呢？事情不效法古代而能长久不败的，我还没听到过。如今青臣当面阿谀，来加深陛下的过错，实在不是忠臣。"始皇把他们的建议交下去讨论。丞相李斯说："五帝的制度不互相重复，三代的制度不互相因袭，各自都得到治理，不是后代一定要与前代相反，这是时代变化的原因。如今陛下开创了伟大的事业，建立了万世不朽的功勋，本来不是愚蠢的读书人能理解的。况且淳于越说的又是三代的事情，有什么可效法的？从前诸侯竞争，用优厚的待遇招揽游学之士。现在天下已经平定，颁布统一的法令。如今这些读书人不学习现实，而去模仿古代，指责现行的社会制度，惑乱百姓。我李斯冒着死说：古代天下分散混乱，不能统一，所以诸侯同时兴起，人们的言论都称道古代，损害现行的政策，文饰虚言空语，搅乱事物的本来面貌，每人都以为自己的学说是最完善的，非议君主所建立的制度。现在皇帝统一天下，分辨是非，确立了至高无上的地位。（而人们仍在）私自传授学问，一起批评国家的法令教化，听到法令下达，就各用自己的学说去议论，回家时在心里非难，出来时街谈巷议，在君主面前自我吹嘘，沽名钓誉，标新立异，认为超人一等，带着下面一群信徒编造诽言谤语。这种情况不加以禁止，上则君主的权威下降，下则形成党徒互相勾结。禁止出现这种情况才是合适的。我希望史官把不是秦国的典籍全部烧掉。不是博士官所主管的，国内敢有收藏《诗》、《书》、诸子百家著作的，都要送到郡守、郡尉那里焚毁。有敢私语《诗》、《书》的，在闹市处死示众。以古非今的要杀死全族。官吏知情而不检举的，和他同罪。命令下达三十天不烧掉书籍，就在脸部刺上字、成为刑徒城旦。所不烧毁的，有医药、卜筮、农林方面的书籍。如果想要学法令，可以到官吏那里学习。"始皇下达命令说："就照此办理。"

三十五年，开辟道路，通过九原，直达云阳，挖山填谷，修建一条笔直的大道连接起来。始皇认为咸阳人口众多，先王的宫廷狭小，听说周文王建都丰，武王建都镐，丰镐之间，是帝王的都城所在。于是就在渭水南岸的上林苑中兴建朝宫。首先建造前殿阿房宫，东西五百步，南北五十丈，殿堂上可以坐一万人，殿堂顶下竖立五丈高的旗帜。周围环绕着架起阁道，从殿下直达南山。在南山的山顶上修建标识，作为门阙。在空中架设道路，从阿房宫渡过渭水，与咸阳相连接，以此象征天上阁道越过天河直至营室。阿房宫尚未完工；完工后，想另外选择一个好的名字称呼它。在阿房建造宫殿，所以天下称它阿房宫。隐官刑徒七十多万人，分成几批营造阿房宫，或修建郦山工程。挖运北山的石头，输送蜀地、荆地的木材，都集中到这里。关中共计宫殿三百座，关外四百多座。于是在东海附近朐县境内树立石碑，作为秦国的东门。迁徙三万户居住郦邑，五万户居住云阳，免除十年的徭役。

卢生劝始皇说："我和其他人寻找灵芝奇药以及仙人，常常遇不上，好像有东西伤害它们。仙方中要求，君主时时隐蔽行迹来躲避恶鬼，只有如此，真人才能来到。君主居住的地方，臣属知道了，就会妨碍神仙。真人没入水中不会被水浸湿，进入火中不感到热，凌云驾雾，与天地一样长寿。现在您治理天下，不能恬静无欲。希望您居住的宫殿不要让人知道，然后长生不死的仙药大概可以找到。"于是始皇说："我羡慕真人，自称'真人'，不称'朕'。"命令咸阳附近二百里内的二百七十座宫殿，用空中架设的道路和地面上的甬道连接起来，把帷帐、钟鼓、美人安置在里面，各种布置不得移动。所临幸之处，如果有人把地点说出去，罪当处死。始皇临幸梁山宫，从山上看见丞相随从车骑众多，很不以为然。宫中侍从把这件事告诉了丞相，后来丞相减少了随从的车骑。始皇帝非常生气地说："这是宫内的人泄漏了我的话。"审问后没有人认罪。这时，下令逮捕当时在他身边的人，全部杀掉。从此以后没有人知道他的行迹在什么地方了。听理国政，群臣受命决断事情，都在咸阳宫。

侯生、卢生一起商量说："始皇为人刚愎暴戾，自以为是，从诸侯中兴起，吞并了天下，万事称心如意，为所欲为，认为自古以来没有人能赶上自己。专门任用治狱的官吏，治狱的官吏受到宠幸。虽然有博士七十人，只是充数人员，并不信用。丞相和大臣都是接受已经决断的公事，一切依赖皇帝处理。皇帝喜欢采用刑罚杀戮来确立自己的威严，天下人害怕获罪，只想保持禄位，没有敢竭尽忠诚。皇帝不能听到自己的过失，日益骄横，臣下恐惧而屈服，用欺骗来取得皇帝的欢心。根据秦朝的法律，一人不能兼有两种方伎，方伎不灵验，就处以死刑。然而观察星象云气预测吉凶的人多至三百人，全都学问优秀，（但对皇帝）畏忌阿谀，不敢正面指出他的过错。天下之事不论大小均取决于皇帝，皇帝甚至用秤来称量文书，一天有一定的额数，不达到额数不能休息。贪恋权势到了这种地步，不能给他寻找仙药。"于是就逃走了。始皇听说侯生、卢生逃走的消息，就非常气愤地说："我以前收取天下书籍，不合时用的全部烧毁，招集了很多文学方术之士，想要使国家太平，这些方士打算炼丹得到奇药。现在听说韩众离去后一直不来复命，徐市等人耗费巨万，最后还是没得到仙药，只是每天传来一些为奸谋利之事。我对卢生等人很尊敬，赏赐丰厚，如今诽谤我，来加重我的不仁。在咸阳的一些儒生，我派人查问，有的制造怪诞邪说来惑乱百姓。"于是派御史审问儒生，儒生辗转告发，就能免除自己的罪过。解犯法禁的四百六十多人。全部在咸阳活埋，使全国都知道这件事，借以警诫后人。更多地调发徒隶去戍守边境。始皇长子扶苏劝告说："天下初定，远方百姓尚未安辑，儒生都学习和效法孔子，现在您用严厉的刑罚绳治他们，我担心天下动乱。希望您明察。"始皇很生气，派扶苏到北方的上郡监视蒙恬。

三十六年，荧惑接近心宿。一颗星坠落东郡，到了地面变为石头，百姓中有人在这块石头上刻写说"始皇帝死而地分"。始皇听到了，派御史挨个审问，没有人认罪，把在石头附近居住的人全部抓起来处死，就用火烧毁这块石头，始皇闷闷不乐，让博士创作《仙真人诗》，和记述出行巡游天下的情况，传令乐工弹唱。秋天，使者从关东来，夜里经过华阴平舒，有人拿着璧玉拉住使者说："替我送给滈池君。"并趁机说："今年祖龙死去。"使者问他什么原因，这个人忽然消失，留下他的璧玉走开了。使者向始皇献上璧玉，讲述了事情的全部经过。始皇很长时间沉默无语，后来说："山野的鬼怪只知道一年之内的事情。"退朝后又说："祖龙是人们的首领。让御府看这块璧玉，竟然是二十八年出行渡江时沉入水中的那块璧玉。于是始皇使人占卜吉凶，卦象是巡游迁徙就会吉利。迁徙到北河、榆中三万家。赐给爵位一级。

三十七年十月癸丑，始皇出外巡游。左丞相李斯随从，右丞相冯去疾留守。始皇的小儿子胡亥很羡慕，要求跟着去，始皇答应了他。十一月，走到云梦，朝九疑山方向望祀虞舜。浮江而下，观览籍柯，渡过江渚。途经丹阳，到达钱塘。在浙江岸边，看见波涛汹险，就向西走了一百二十里，从江面狭窄的地方渡了过去。登上会稽山，祭祀大禹，又望祭南海，树立石碑，刻辞颂扬秦朝功德。碑文说：

皇帝丰功伟绩，统一了天下，德惠深远。三十七年，巡行全国，周游观览遥远之地。于是登上会稽山。视察风俗习惯，百姓都很恭敬。群臣颂扬皇帝的功德回顾创业的事迹，追溯决策的英明。秦国伟大的皇帝君临天下，开始确定了刑法制度，明白地宣布过去的规章。首次统一了处理政务的法则，审定和区分官吏的职掌，借以建立长久不变的制度。六国诸侯王独断专行，违谬无信，贪婪乖张，傲慢凶猛，拥众称霸。他们暴虐纵恣，倚仗武力，骄狂自大，屡次挑起战争。做间谍的使者暗中互相联系，进行合纵抗秦，行为邪僻放纵。在内伪饰阴谋诡计，对外侵略秦国边境，因而带来灾难，皇帝出于正义，用武力去讨伐他们，平息了暴乱，消灭了乱贼。圣德宏大而深厚，天地四方，蒙受了无限的恩泽。皇帝统一天下，听理万机，远近都政清民静。运筹和治理天地间万物，考察事物的实际情况，分别记载它们的名称。不论是贵人还是贱人，都洞察他们的活动，好事坏事都摆在面前，没有隐瞒的情况。纠正过错，宣扬大义，有了儿子而改嫁他人，就是背弃死去的丈夫，不守贞操。隔离内外，禁止纵欲放荡，男女要洁身诚实。做丈夫的和别人妻子通奸，杀死他也没有罪，这样，男人才能遵守道德规范。做妻子的跑掉另嫁，儿子不准认她作母亲，这样人们都会被廉洁清白的风气所感化。进行大规模地整顿，荡涤不良的风俗习惯，天下百姓接受文明的社会风尚，受到了一种良好的治理。人们都奉规守法，和睦平安，敦厚勤勉，没有不服从国家法令的。百姓德修品洁，人人高兴地遵守统一的规定，欢乐地保持着太平的局面。后世认真地奉行法治，就会无限期地长治久安下去，车船不倾（国家安稳）。随从的大臣颂扬皇帝的功业，请求镌刻这一石碑，使这美好的记载永垂后世。

　　返回时经过吴县，从江乘渡江。沿着海边北上，到达琅邪。方士徐市等人到海中寻找神药，几年都没有找到，耗费了很多钱财，怕受到谴责，就欺骗始皇说："蓬莱的神药是可以得到的，然而常常苦于鲨鱼的袭击，所以不能到达蓬莱，希望派一些善长射箭的人和我们一起去，鲨鱼出现就用连弩射死它。"始皇梦中与海神交战，海神像人一样的形状。询问占梦的博士，博士说："水神是看不到的，（它的到来）是以大鱼和蛟龙为征兆。现在陛下祷告和祭祀周到而又恭谨，却出现了这个凶恶的海神，应当把它铲除，然后善良的神物就能到来。"于是让到海中去的人携带捕获大鱼的用具，而自己使用连弩，等待大鱼出现时射死它。从琅邪往北到达荣成山，没有见到大鱼。到了之罘，看见了大鱼，射死了一条。于是沿海西行。

到了平原津始皇生病。始皇厌恶说死，群臣没有人敢提到死的事情。始皇的病日益加重，于是就写了一封盖有皇帝玺印的诏书送给公子扶苏，说："回来参加我的丧礼，一起在咸阳埋葬我。"诏书已经加封，放在中车府令赵高办理诏书文件盖印和送发事宜的地方，还没有送给负责传递的使者。七月丙寅，始皇死于沙丘平台。因为始皇死在外面，丞相李斯怕始皇那些儿子以及国内百姓有人造反，就封锁消息，不举丧。把棺材装在辒凉车中，原来亲近的宦官陪乘，所到之地，照旧送上饭食。百官和过去一样上奏国事，宦官从车辒凉中批准他们所奏之事。只有始皇的儿子胡亥、赵高和五六个亲近的宦官知道始皇已经死去。赵高过去曾经教胡亥学习文字和刑狱法律，胡亥对他很亲近。赵高就同公子胡亥、丞相李斯搞阴谋诡计，毁掉了始皇封好送给公子扶苏的诏书，而另外诈称丞相李斯在沙丘接受始皇遗诏，立儿子胡亥为太子。又加写了诏书送给公子扶苏、蒙恬，列举他们的罪状，对他们予以赐死。胡亥等人继续前进，于是从井陉到九原。正赶上暑天，始皇的辒凉车散发出臭味，就命令随从官员每车装载一石鲍鱼，用来混淆始皇尸体的臭味。

胡亥等人从直道回到咸阳以后，宣布了始皇死亡的消息。太子胡亥承帝继位，为二世皇帝。九月，把始皇埋葬在郦山。始皇刚刚即位时，就在郦山开山凿洞，等到统一了全国，把天下各方的七十多万刑徒送到郦山，把隧洞挖到见水的地方，用铜封洞，然后把棺材安放在里面，仿制的宫殿、百官和各种珍奇宝物都徙置其中，藏得满满的。让工匠制造带机关的弩箭，有人掘墓接近墓室时就会自动射向目标。拿水银作成千川百溪和江河大海，使用机械互相灌注流通，墓中上面各种天象齐备，下面有地上景象万千。利用人鱼的脂肪作蜡烛，估计很长时期不会熄灭。二世说："先帝后宫的姬妾没有儿子的，不适于放出宫去。"（于是）都让她们殉葬，死去的非常多。已经把始皇埋葬了，有人说工匠制造机关，奴隶们都知道，奴隶人数众多就会泄漏出去。葬礼结束以后，已经封藏了墓室的随葬品，又把当中的墓道封闭起来，放下了最外面一段墓道的大门，把工匠奴隶全部关死在里面，没有一个人能够逃出去的。在墓的外面种植草木，好像山一样。

太史公说：秦国的祖先伯翳，曾在唐、虞之际建立功勋，获得了土地，被赐予嬴姓。到了夏、殷之间，势力衰微。及至周朝没落，秦国兴起，在西垂建筑了城邑。从缪公以来，渐渐蚕食诸侯，统一事业最后由始皇完成了。始皇自认为功劳超越五帝，疆域比三王还广阔，耻于和三王五帝相提并论。

楚汉相争定天下——刘邦

高祖，沛县丰邑中阳里人。姓刘，字季。父亲叫太公，母亲称刘媪。刘媪曾经休息于大湖岸边，睡梦中与神交合。这时雷电交作，天昏地暗。太公去看刘媪，见到一条蛟龙伏于她身上。后来刘媪身怀有孕，就生了高祖。

高祖，高鼻梁，像龙一样丰满的额角，漂亮的须髯，左腿上有七十二颗黑痣。仁厚爱人，喜欢施舍，胸襟开阔。常怀远志，不从事一般百姓的生产作业。壮年，试做官吏，当了泗水亭亭长，公廷中的官吏，没有一个不混得很熟，受他戏弄。爱好喝酒，喜欢女色。常常向王媪、武负赊酒，喝醉了卧睡，武负、王媪看见他上面常有一条龙，感到很奇怪。高祖每次来买酒，留在酒店中饮酒，酒店的酒比平常多卖几倍。等到发现了奇怪的现象，年终时，这两家酒店常折毁账目，放弃债权。

高祖曾经到咸阳服徭役，有一次秦始皇车驾出巡，纵任人们观看，他看到了秦始皇，喟然长叹说："啊，大丈夫应当像这个样子！"

单父人吕公与沛县县令是好朋友，为了躲避仇人到县令家做客，因而迁家到沛县。沛县中的豪杰官吏闻知县令有贵客，都去送礼祝贺。萧何为县里的主吏，主管收礼物，对各位贵客说："礼物不满一千钱的，坐在堂下。"高祖做亭长，向来轻视那些官吏，于是欺骗地在名刺上说"贺万钱"，其实未出一钱。名刺递了进去，吕公大惊，站起来，到门口迎接高祖。吕公这个人，好给人相面，看见高祖状貌，就特别敬重他，领他到堂上入座。萧何说："刘季本来大话很多，很少成事。"高祖戏辱堂上的客人，自己坐在上座，丝毫不予谦让。酒席就要散尽，吕公以目示意高祖不要走。高祖喝完了酒，留在后面。吕公说："我少年就好给人相面，相过的人多了，没有一个像你刘季这样的贵相，希望你保重。我有一亲生女儿，愿意作为你执帚洒扫的妻子。"酒席结束后，吕媪生吕公的气，说："你最初常想使女儿与众不同，把她嫁给贵人。沛县县令与你相友好，求娶女儿，你不答应，为什么自己妄作主张许配给了刘季?"吕公说："这不是妇孺之辈所能懂得的。"终于把女儿嫁给了刘季。吕公的女儿就是吕后，她后来生了孝惠帝、鲁元公主。

高祖作亭长时，曾经请假回家。吕后与两个孩子在田间除草，一位老人路过，要些水喝，吕后就请他吃了饭。老人家给吕后相面，说："夫人是天下的贵人。"吕后让他给两个孩子看相。老人看了孝惠，说："夫人所以显贵，就是这个孩子的缘故。"看了鲁元，也是贵相。老人已经走了，高祖正好从别人家来到田间，吕后告诉他一位客人从这里经过，给我们母子看相，说将来都是大贵人。高祖问老父在哪儿，吕后说："走出不远。"高祖追上了老人，向他询问。老人说："刚才相过夫人和孩子，他们都跟你相似，你的相貌，贵不能言。"高祖便道谢说："如果真像老父所说，决不忘记对我的恩德。"等到高祖显贵，竟然不知老人之所终。

高祖做亭长，用竹皮为帽，这帽子是他派求盗到薛县制做的，经常戴着它，等到显贵时，仍然常常戴着，所谓"刘氏冠"，就是指这种帽子。

高祖因身任亭长，为县里送徒役去郦山，徒役多在途中逃亡。他估计，等走到郦山，大概都逃光了。到丰邑西面的沼泽地带，停下来喝酒，夜间高祖就释放了所押送的徒役。高祖说："各位都走吧，我也从此一去不返了!"徒役中有十多个年轻力壮的愿意跟随高祖。高祖带着酒意，当夜抄小路通过这片沼泽，派一人前行探路。前行探路的人回来报告说："前面有条大蛇横在路当中，请回去吧。"高祖醉醺醺地，说："好汉走路，有何畏惧!"于是，就走上前去，拔剑击蛇，斩为两段，道路打通了。走了几里地，酒性发作，便躺下睡觉。后面的人来到斩蛇的地方，见有一个老太太夜里哭泣。人们问为什么啼哭，老太太说："有人杀了我的儿子，所以我哭。"人们又说："老太太，你的儿子为什么被杀了?"老太太说："我儿子，是白帝的儿子，变为蛇，横在路当中，现在被赤帝的儿子杀了，所以我才哭。"人们认为老太太不诚实，想要给她点苦头吃，老太太忽然不见了。落在后面的人到了高祖休息的地方，高祖已经醒了。他们把刚才发生的事告诉了高祖，高祖听了暗自高兴，暗觉自命不凡。跟随他的人对他日益敬畏。

秦始皇帝常说："东南有天子气。"因而巡游东方，借以镇伏东南的天子气。高祖怀疑与自己有关，就逃跑藏了起来，隐身在芒山、砀山一带的山泽岩石之间。吕后和别人寻找，常常一去就找到了高祖。高祖感到奇怪，就问吕后。吕后说："你所处的地方上面常有云气。向着有云气的地方去找，常常可以找到你。"高祖心中高兴。沛县子弟有的听到这件事，很多人都想归附他了。

秦二世元年秋天，陈胜等在蕲县起义，到了陈县自立为王，号称"张楚"。各郡县大多都杀死长官，响应陈胜。沛县县令恐惧，想要以沛县响应陈胜。主吏萧何、狱掾曹参对他说："你身为秦朝的官吏，如今要背秦起事，率领沛县子弟，恐怕他们不肯听命。希望您召集逃亡在外面的人，可以得到几百人。利用这股力量胁持群众，群众不敢不听您的命令。"县令就派樊哙去召唤刘季，刘季的队伍已经近百人了。

于是樊哙跟着刘季来到沛县。沛县县令又后悔了，恐怕刘季生变，就关闭城门，派人防守，不让刘季进城，打算杀掉萧何、曹参。萧何、曹参恐惧，翻过城墙依附刘季。刘季用帛写信，射到城上，告诉沛县父老说："天下苦于秦朝的暴政已经很久了。现有父老为沛令守城，但各国诸侯都已起事，城池一旦被攻破，就要屠戮沛县。如果沛县父老共同起来杀死沛令，选择子弟中可以立为首领的做领导，以响应诸侯军，那就能保全自家性命。要不然，父子全遭杀害，死得毫无意义。"父老们就率领子弟共同杀了沛令，打开城门，迎接刘季，想让他做沛县县令。刘季说："当今天下大乱，诸侯都已起事，如果推选的将领不胜任，就会一败涂地。我不是爱惜自己的生命，只怕才劣力薄，不能保全父兄子弟。这是件大事，希望另外共同推选一位能够胜任的人。"萧何、曹参都是文官，看重身家性命，怕事情不成，秦朝会诛灭全族，所以都推刘季。父老们都说："我们平时听到刘季许多奇异的事情，看来刘季是该显贵的。而且又经过占卜，没有比刘季更吉利的。"这时刘季再三谦让，大家都不敢担任，最后还是立刘季为沛公。在沛县衙门的庭院里祭祀黄帝和蚩尤，又用牲血衅鼓旗。旗子一律红色，因为刘季所杀蛇是白帝的儿子，杀蛇的是赤帝的儿子，所以崇尚红色。于是少年子弟和有势的官吏，如萧何、曹参、樊哙等人，都为沛公征集兵员，集合了两三千人，攻打胡陵、方与，回军固守丰邑。

秦二世二年，陈胜将领周章的军队西至戏水而还。燕、赵、齐、魏都自立为王。项梁、项羽起兵于吴。秦泗水郡郡监平率兵围丰，两天后，沛公出兵应战，打败了秦军。沛公命令雍齿守卫丰邑，自己引兵赴薛，泗水郡郡守壮在薛战败，逃到戚。沛公左司马擒获泗水郡郡守壮，杀死了他。沛公回军亢父，到了方与，没有交战。陈王陈胜派魏人周市攻城略地。周市使人对雍齿说："丰，原来梁王曾迁徙到这里。如今魏地已经攻占的有数十城，你雍齿如果降魏，魏封你雍齿为侯，仍然驻守丰邑。不投降的话，就要血洗丰邑。"雍齿本来不愿隶属沛公，等到魏国招降他，就背叛沛公，为魏防守丰邑。沛公引兵攻丰，没有攻下。沛公病了，回到沛县。沛公怨恨雍齿和丰邑子弟都背叛他，听说东阳宁君、秦嘉立景驹为假王，住在留县，就去依附他们，想借兵攻打丰邑。这时，秦将章邯在追击陈王，别将司马尸率军向北，攻占楚地，在相屠城，到了砀县。东阳宁君、沛公引兵西进，与司马尸在萧县西面交战，没有占着便宜。退回来收集散兵，屯聚留县，引兵攻砀，三天攻取了砀邑。收编砀县降兵，得到五六千人，进攻下邑，打了下来。回军丰邑。听说项梁在薛县，带了随从骑兵一百多人去见项梁。项梁给沛公增拨士兵五千人，五大夫一级的将领十人。沛公回来，引兵攻丰。

沛公跟随项梁一个多月，项羽已经攻克襄城回来。项梁把各路将领都召集到薛县，听说陈王已死，就立楚国后人楚怀王的孙子心为楚王，建都盱台。项梁号为武信君。停了几个月，向北攻打亢父，救援被围的齐军，打败了秦军。齐军回齐，楚军单独追击败兵。派沛公、项羽另率军队攻打城阳，大肆杀戮城中军民。沛公、项羽驻军濮阳东面，与秦军接战，击破了秦军。

秦军重新振作，固守濮阳，决水自环。楚军离去，转攻定陶，定陶没有攻下。沛公和项羽向西攻城略地，到了雍丘城下，与秦军交战，大破之，杀了李由。回军攻打外黄，外黄没有攻克。

项梁再次打败了秦军，有骄傲的神色。宋义劝诫他，他不听。秦派兵增援章邯，夜间衔枚偷袭项梁，大破项梁于定陶，项梁战死。沛公和项羽正在攻打陈留，听说项梁已死，带兵和吕将军一块向东进发。吕臣驻扎在彭城东面，项羽驻扎在彭城西面，沛公驻扎在砀。

章邯已经打垮了项梁的军队，认为楚地的敌人不用担心了，就渡过黄河，北进攻打赵地，大破赵军。这个时候，赵歇为赵王，秦将王离围困赵歇于钜鹿城。被围在钜鹿的军队，就是所谓的"河北之军"。

秦二世三年，楚怀王看到项梁的军队被打垮了，心里恐惧，迁离盱台，建都彭城，合并吕臣、项羽的军队，亲自统率。以沛公任砀郡长，封为武安侯，统领砀郡的军队。封项羽为长安侯，号为鲁公，吕臣任司徒，他的父亲吕青作令尹。

赵多次请求援救，楚怀王就以宋义为上将军，项羽为次将，范增为末将，北上救赵。命令沛公西出略地，打入关中。同将领们约定：先攻入关中的，就封在关中做王。此时，秦军强盛，常常乘胜追击，众将领没有认为先入关是有利的。唯独项羽痛恨秦打垮了项梁的军队，心中愤激，愿和沛公西进入关。怀王的老将都说："项羽为人轻捷而凶猛，狡诈而残忍。项羽曾经攻打襄城，襄城没有留下一个活人，全都活埋了。所经过的地方，无不残杀毁灭。况且楚军多次进兵攻取，（没有获胜，）以前陈王、项梁都失败了。不如另派宽厚长者，以正义为号召，向西进发，向秦父老兄弟讲清道理。秦父老兄弟苦于他们君主的统治很久了，现在如果真能得到宽厚长者去关中，不加欺凌暴虐，应该能够拿下关中。而今项羽剽悍，不可派遣。"终于没有答应项羽，而派遣沛公西进攻取秦地。收集陈王、项梁的散兵，路经砀，到达成阳，与杠里的秦军对垒，打败了秦军的两支部队。楚军出兵攻击王离，把他的军队打得大败。

沛公引兵西进，在昌邑遇见彭越，就和他一起攻打秦军，这一仗没有打赢。回到栗县，遇到刚武侯，夺了他的军队，大约四千多人，（与沛公原来的队伍）合并在一起。沛公与魏将皇欣、魏申徒武蒲的军队联合攻打昌邑，昌邑没有攻下，西进路过高阳。郦食其为里监门，说："将领们路过这里的很多，我看沛公是一个大人物，有仁厚长者的风度。"就去求见游说沛公。沛公正坐在床上，伸着两腿，让两个女子给他洗脚。郦生不下拜，深深地作了个揖，说："足下一定要消灭残暴无道的秦朝，就不应该伸着两腿接见长者。"于是沛公站了起来，整理好衣服，向他道歉，请入上座。郦食其劝沛公袭击陈留，获得陈留积聚的粮米。沛公就以郦食其为广野君，郦商为将领，统率陈留的军队，和沛公一起攻打开封，开封没有攻下。向西与秦将杨熊在白马打了一仗，又接战于曲遇的东面，大破杨熊军。杨熊逃往荥阳，秦二世派使斩首示众。沛公向南攻打颍阳，屠了颖阳城。依靠张良攻占了韩国的轘辕。

这时，赵将司马卬正要渡过黄河进入函谷关，沛公就北进攻打平阴，切断黄河渡口。向南进发，在雒阳东面交战。战斗不利，回到阳城，集中军中的骑兵，与南阳郡郡守齮战于犨，打败了齮军。攻取南阳郡的城邑，南阳郡郡守齮逃走，退守宛县。沛公引兵绕过宛城西进。张良进谏说："沛公你虽然急于攻入函谷关，但秦兵众多，又据守险要。如今不拿下宛城，宛城守军从背后攻击，强大的秦军在前面阻挡，这是一种危险的战术。"于是沛公在夜间率兵从另外一条道路返回，换旗易帜，天亮时，把宛城包围了三层。南阳郡郡守打算自杀。他的舍人陈恢说："死的还早。"他就翻过墙去见沛公，说："我听说阁下接受楚怀王的约定，先攻入咸阳的称王关中。现在阁下停留守在宛城。宛城是大郡的治所，连城数十，人多粮足，官吏和民众认为投降肯定被处死，所以都登城固守。如果您整天地留在这里攻城，士卒死伤的一定很多；如果引兵离开宛城，宛城守军自然跟踪追击。您向前则失去先入咸阳的约定，后退又有强大的宛城守军为患。为您设想，不如明约招降，封南阳郡守官爵，让他留守，您带领宛城士卒一道西进。许多没有攻下的城邑，听到这个消息，争先打开城门，等待您，您可以通行无阻。"沛公说："好。"就以南阳郡守为殷侯，封给陈恢一千户。引兵西进，尽皆臣服。到达丹水，高武侯鳃、襄侯王陵在西陵投降。回军攻打胡阳，遇到番君的别将梅鋗，与他一起，迫使析县、郦县投降。派遣魏人宁昌出使秦关中，使者没有回来。这时章邯已经带领全军在赵地投降项羽。

开始时，项羽和宋义北进援救赵，等到项羽杀死宋义，代替他为上将军，许多将领和黥布都从属项羽。打垮了秦将王离的军队，使章邯投降，诸侯都归附了他。等到赵高杀了秦二世，派人来见沛公，想要定约瓜分关中称王。沛公认为是诈骗，就采用张良的计策，派郦生、陆贾去游说秦军将领，用甜头引诱，趁机袭击武关，攻破关口。又和秦军在蓝田南面交战，增设疑兵，多树旗帜，所经过的地方不许掳掠。秦地的群众高兴，秦军懈怠，因此大破秦军。又在蓝田北面接战，再次击败秦军。乘胜追击，彻底打垮了秦军。

汉元年十月，沛公的军队先于各路诸侯到达霸上。秦王子婴素车白马，用丝带系着脖子，封了皇帝的印玺和符节，在轵道旁投降。将领们有的主张杀死秦王。沛公说："当初楚怀王派遣我，本来是因为我能宽大容人。况且人家已经降服，又杀死人家，不吉利。"于是把秦王交给了官吏，西进咸阳。沛公想要留在宫殿中休息，樊哙、张良劝说后，才封闭了秦宫的贵重珍宝、财物和库房，回军霸上。召集各县的父老、豪杰说："父老们苦于秦朝的严刑峻法已经时间很长，诽谤朝政的要灭族，相聚议论的要在街市上处斩。我和诸侯们约定，先入关的在关中称王，我应当称王关中。同父老们约定，法律只有三章：杀人的处死，伤人和抢劫的处以与所犯罪相当的刑罚。其余的秦朝法律全都废除。官吏和百姓都要安居如故。我所以到这里来，是为父老们除害，不会有欺凌暴虐的行为，不要害怕。我所以回军霸上，是等待诸侯们到来制定共同遵守的纪律。"沛公派人与秦朝官吏巡行县城乡间，告谕百姓。秦地的百姓大为高兴，争先恐后地拿出牛羊酒食款待士兵。沛公又谦让不肯接受，说："仓库的谷子很多，不缺乏，不愿破费百姓。"百姓更加高兴，唯恐沛公不做秦王。

有人劝沛公说："秦地比天下富足十倍，地势好。如今听说章邯投降了项羽，项羽就给了雍王的封号，称王于关中。现在即将来到关中就国，恐怕不能占有这个地方了。应赶快派兵把守函谷关，不让诸侯军进来，逐渐征集关中兵，以加强实力，抵抗诸侯兵。"沛公赞成，照着做了。十一月间，项羽果然率领诸侯军西进，想要入关，而关门闭着。听说沛公已平定关中，大怒，派黥布等攻破函谷关。十二月间，到达戏水。沛公左司马曹无伤听说项王发怒，要攻打沛公，派人告诉项羽说："沛公想要称王关中，令子婴为相，珍宝被他全部占有了。"打算以此求得封赏。亚父劝项羽进攻沛公。当时项羽饱餐士卒，准备第二天会战。这时项羽兵四十万，号称百万。沛公兵十万，号称二十万，兵力敌不过项羽。恰巧项伯要救张良，夜间去见他。（回来后，）用道理劝说项羽，项羽取消了进攻沛公的计划。沛公带来了一百多骑兵，驰至鸿门，来见项羽，表示歉意。项羽说："这是你沛公左司马曹无伤向我说的。不然，我项羽怎么能做这样的事。"后来沛公在樊哙的帮助下，得以脱身返回。回来后，立刻杀了曹无伤。

项羽向西进军，屠杀无辜，焚毁咸阳秦宫室，所过之处，无不遭到摧残破坏。秦地的百姓大失所望，心里恐惧，不敢不服从。

项羽派人回去报告楚怀王，楚怀王说："按照原来的约定办。"项羽怨恨楚怀王不肯让他与沛公一起西进入关,而派他北上救赵,在天下诸侯争夺称王关中的约定中落在后面。他就说:"怀王这个人,我家项梁所立,没有什么功劳,凭什么主持约定。本来安定天下的,是诸位将领和我项籍。"就假意推尊楚怀王为义帝,事实上不听从他的命令。

正月,项羽自立西楚霸王,在梁、楚地区的九个郡称王,建都彭城。背弃原来的约定,改立沛公为汉王,在巴、蜀、汉中称王,建都南郑,把关中瓜分为三,封立秦朝的三个将领:章邯为雍王,建都废丘,司马欣为塞王,建都栎阳,董翳为翟王,建都高奴。封楚将瑕丘申为河南王,建都洛阳。封赵将司马卬为殷王,建都朝歌。赵王歇迁徙代地称王。封赵将张耳为常山王,建都襄国。封当阳君黥布为九江王,都六县。封楚怀王柱国共敖为临江王,建都江陵。封番君吴芮为衡山王,建都邾县。封燕将臧荼为燕王,建都蓟县。原来的燕王韩广迁徙辽东称王。韩广不服从,臧荼攻杀韩广于无终。封成安君陈余河间三县,住在南皮。封给梅鋗十万户。四月,在项羽旗麾之下罢兵散归,诸侯各自回到封国。

汉王回国,项王派兵三万跟随,楚国和其他诸侯国的士卒仰慕汉王而追从的有几万人。他们从杜县南面进入蚀中,离开后就烧断栈道,以防备诸侯军和匪徒的袭击,也向项羽表明没有东进的意图。到达南郑,那些将领和士卒很多在中途逃亡回去,士卒都唱歌表示思念回到东方。韩信劝汉王说:"项羽封诸将有功的为王,而大王独自被封在南郑,这实际上是贬徙。军中官吏和士卒都是崤山以东的人,日夜跂踵盼望回家乡。乘他们气势旺盛时加以利用，可以建立功业，等到天下已经平定，人人都自然安下心来，就不能再利用了。不如向东进军，争夺天下大权。”

项羽出了函谷关，派人迁徙义帝。说：“古代做帝王的统辖千里见方的土地，必须居住上游。”就派使者把义帝迁徙到长沙郴县，催促义帝快走。群臣渐渐地背叛了义帝，项羽就暗地里让衡山王、临江王袭击他，把义帝杀死在江南。项羽怨恨田荣，封齐将田都为齐王。田荣恼怒，于是自立为齐王，杀死田都，反叛项楚，把将军印给予彭越，让他在梁地起兵反楚。楚派萧公角攻打彭越，彭越大败萧公角。陈余怨恨项羽不封自己为王，派夏说游说田荣，借兵攻打张耳。齐借兵给陈余，击败了常山王张耳，张耳逃跑归附了汉王。陈余从代接回赵王歇，又立为赵王，赵王就封陈余为代王。项羽大怒，出兵北向击齐。

八月，汉王用韩信的计策，从故道回军，袭击雍王章邯。章邯在陈仓迎击汉军，雍王兵败退走，在好畤停下来接战，又失败了，逃到废丘。汉王随即平定了雍地。向东到达咸阳，率军围困雍王于废丘，而派遣将领攻占了陇西、北地、上郡。派将军薛欧、王吸出武关，借助王陵驻扎在南阳的兵力，迎接太公、吕后于沛县。楚听到这一消息，出兵在阳夏阻挡，汉军不能前进。楚让原吴县县令郑昌为韩王，抵抗汉军。

二年，汉王东出略取城邑，塞王司马欣、翟王董翳、河南王申阳都投降了。韩王郑昌不愿归附，汉王派韩信打败了他。于是设置了陇西、北地、上郡、渭南、河上、中地各郡，关外设置了河南郡。改立韩太尉信为韩王。将领中以一万人或一郡

145

投降的，封给一万户。整修河上郡内的长城。各处原来的秦朝苑囿园池，都让百姓开垦耕种。正月，俘虏了雍王的弟弟章平。大赦有罪的人。

汉王出函谷关到达陕县，抚慰关外父老，回来后，张耳来见，汉王给了他优厚的待遇。

二月，下令废掉秦社稷，改立汉社稷。三月，汉王从临晋关渡过黄河，魏王豹率兵跟从，攻下河内，俘虏殷王，设置河内郡。向南渡过平阴津，到达洛阳。新城三老董公拦住汉王，用义帝死这件事游说汉王。汉王听了，袒臂大哭，为义帝发丧，哭吊三天。派遣使者通告诸侯说："天下共同拥立义帝，对他北面称臣。现在项羽把义帝放逐，击杀于江南，大逆无道。我亲自为他发丧，诸侯都要穿白色丧服。全部调发关内的兵力，征集三河的士卒，浮江汉南下，愿意跟随各诸侯王讨伐楚国杀害义帝的人。"

当时项王北进攻打齐国，田荣在城阳交战。田荣兵败，逃到平原，平原的百姓杀了他，齐地都投降了楚国。楚兵焚烧齐人的城郭，掳掠他们的子弟和女人，齐人又反叛楚国。田荣的弟弟田横立田荣的儿子田广为齐王，齐王在城阳反楚。项羽虽然闻知汉军东进，但既然已与齐军交战，就想击垮齐军之后迎击汉军。汉王利用这个机会劫取了五诸侯的兵力，进入彭城。项羽听到这一消息，就带兵离开齐，由鲁地出胡陵，抵达萧县，与汉军在彭城灵壁东面的睢水上激战，大败汉军，杀死了很多士卒，由于尸体的堵塞，睢水都不能流动了。楚军从沛县掳取了汉王的父母妻子，放在军中作为人质。这个时候，诸侯看到楚军强盛，汉军败退，又都离汉归楚。塞王司马欣也逃到楚国。

吕后的哥哥周吕侯为汉带领一支军队，驻扎在下邑。汉王到他那里，渐渐收集士卒，驻军于砀县。汉王西行经过梁地，到了虞县，派谒者随何到九江王黥布那里，汉王说："你能让黥布举兵叛楚，项羽必定留下来攻打他。如能滞留几个月，我一定可以取得天下。"随何去说服九江王黥布，黥布果然背叛楚国，楚国派龙且去攻打他。

汉王兵败彭城向西撤退，行军中派人寻求家属，家属也逃走了，互相没有碰见。战败后就只找到了孝惠帝，六月，立他为太子，大赦罪人。命令太子驻守栎阳，诸侯国人在关中的都集中在栎阳守卫。引水灌废丘，废丘投降，章邯自杀。把废丘改名为槐里。于是命令祠官祭祀天、地、四方、上帝、山川，以后按时致祭。征发关内士卒登城守卫边塞。

这时九江王黥布与龙且作战，没有取胜，和随何潜行归汉。汉王渐渐地征集了一些士卒加上各路将领和关中兵的增援，因此军势大振，在京、索之间击破了楚军。

三年，魏王豹请假回去省视父母的疾病，到了魏地就断绝了黄河渡口，叛汉归楚。汉王使郦生劝说魏豹，魏豹不听。汉王派遣将军韩信进攻魏豹，大破魏军，俘虏了魏豹，于是平定了魏地，设置了三个郡，名叫河东、太原、上党。汉王命令张耳和韩信向东攻下井陉，进击赵地，杀了陈余、赵王歇。第二年，封张耳为赵王。

汉王驻军在荥阳南面，修筑甬道与黄河相连，以便取用敖仓的粮食。与项羽对峙了一年多。项羽多次夺取了汉军甬道，汉军缺少粮食，项羽于是围攻汉王。汉王请求讲和，划分荥阳以西的土地归汉。项王没有同意。汉王忧虑，就采取陈平的计策，给陈平黄金四万斤，离间楚国君臣。于是项羽对亚父产生了怀疑。亚父这时劝项羽乘势攻下荥阳，等到他知道已被怀疑，就很生气，推托自己年老，要求引退，回家乡当老百姓。项羽答应，亚父没有到达彭城就死了。

汉军绝粮后，就在夜间从东门放出女子二千多人，披戴铠甲，楚军便四面围击。将军纪信乘坐汉王的车驾，伪装成汉王，欺骗楚军。楚军都高呼万岁，争赴城东观看，因此汉王能够与几十骑兵出西门潜逃。汉王命令御史大夫周苛、魏豹、枞公留守荥阳，将领和士卒不能随从的，都留在城中，周苛、枞公商量说："魏豹这个叛国之王，和他共守城池很难。"于是杀死了魏豹。

汉王逃出荥阳进入函谷关，收集士卒，想再次东进。袁生劝汉王说："汉楚在荥阳相持了几年，汉军常处于困境，希望君王从武关出去，项羽肯定引兵向南行进，君王深沟高垒，让荥阳、成皋之间得到休息。派韩信等安辑黄河以北的赵地，联合燕、齐，君再赴荥阳，也为时不晚。这样，楚军多方设防，军力分散，汉军得到休整，再与楚军作战，一定可以打破楚军了。"汉军采纳了他的计策，出兵宛县、叶县之间，与黥布在进军中收集兵马。

项羽听说汉王在宛县，果然带兵南下。汉王坚壁固守，不和他交战。这时彭越渡过睢水，与项声、薛公战于下邳，彭越大败楚军。于是项羽率军向东攻打彭越，汉王也引兵向北驻军成皋。项羽已经取胜，赶走了彭越，得知汉军又驻扎在成皋，就又领兵西进，攻克荥阳，杀了周苛、枞公，俘虏了韩王信，于是进围成皋。

汉王逃亡，单身一人与滕公同乘一辆车出了成皋玉门，向北渡过黄河，驰至修武住了一夜。自称为使者，早晨驰入张耳、韩信的营中，夺取他们的军队，就派张耳去北边赵地更多的收集兵力，派韩信东进攻齐。汉王得到韩信的军队，军威再振。率军来到黄河岸边，向南进发，在小修武南面让士卒吃饱喝足，打算与项羽再一次交战。郎中郑忠劝阻汉王，让他深沟高垒，不要和项羽交锋。汉王采用了郑忠的计策，派卢绾、刘贾率兵两万人，几百个骑士，渡过白马津，进入楚地，与彭越在燕县城西又打败了楚军，随后又攻下梁地十多座城邑。

淮阴侯接受命令向东进军，在平原没有渡过黄河。汉王派郦生去说服齐王田广，田广叛楚，与汉讲和，一起攻打项羽。韩信采用蒯通的计策，突然袭击，打败了齐国。齐王烹杀了郦生，向东逃到高密。项羽听到韩信已经全部利用黄河以北的兵力打垮了齐、赵，而且要攻打楚军，就派龙且、周兰前去阻击。韩信与楚交战，骑兵将领灌婴配合出击，大败楚军，杀了龙且。齐王田广投奔彭越。此时，彭越领兵驻扎梁地，往来骚扰楚军，断绝它的粮食。

四年，项羽对海春侯大司马曹咎说："谨慎防守成皋。如果汉军挑战，千万小心，不要应战，只要阻止汉军东进就行了。我十五天一定平定梁地，再与将军会合。"于是就进军攻打陈留、外黄、睢阳，都拿了下来。汉军果然屡次向楚军挑战，楚军不肯出战。汉军派人辱骂了五六天楚军，大司马十分气愤，让士卒渡过汜水。士卒渡过一半，汉军出击，大败楚军，全部缴获楚国的金玉财宝。大司马曹咎、长史司马欣都自刎在汜水上。项羽到达睢阳，听到海春侯兵败，就带兵返回。汉军正在荥阳东面围攻钟离眛，项羽一到，全部撤走到险阻地带。

韩信打垮齐国之后，派人对汉王说："齐国靠近楚国，如果权力太小，不立为暂时代理的国王，恐怕不能安定齐地。"汉王想要攻打韩信。留侯说："不如就此封他为王，让他自己防守齐地。"汉王便派遣张良带着印绶立韩信为齐王。项羽听到龙且的军队战败了，心里很恐惧，派盱眙人武涉前去游说韩信。韩信不肯听从。

楚、汉长期相持，胜负未决，年轻力壮的苦于当兵打仗，年老体弱的疲于转运粮食。汉王、项羽一同站在广武涧两边对话。项羽想跟汉王单身挑战。汉王历数项羽的罪过说："最初我和你项羽都受命于怀王，说是先入关平定关中的，就在关中做王。违背约定，让我在蜀、汉做王，这是第一罪。假借怀王的命令，杀了卿子冠军，而自尊为上将军，这是第二罪。已经援救了赵地，应当返回复命，而你擅自胁迫诸侯的军队进入函谷关，这是第三罪。怀王约定到了秦地不要残暴掠夺，火烧秦朝宫室，挖掘始皇帝的坟墓，私聚秦朝财物，这是第四罪。杀掉了秦朝投降的国王子婴，这是第五罪。在新安，用欺骗的手段坑杀秦朝子弟二十万，而封他们的将领做王，这是第六罪。让自己的将领都在好地方做王，而迁走原来的诸侯王，使臣下争为叛逆，这是第七罪。项羽把义帝驱逐出彭城，自己建都彭城，夺取韩王的土地，合并梁、楚称王，多划给自己土地，这是第八罪。派人在江南暗杀义帝，这是第九罪。为人臣下而杀害君主，屠杀已降之人，执政不公允，主持约定不守信用，为天下人所不容，大逆不道，这是第十罪。我带领正义之师随从诸侯来诛除残暴的贼人，派受过刑的罪人杀死你项羽，我何苦与你挑战！"项羽大怒，埋伏的弓弩射中了汉王。汉王胸部受伤，却摸着脚说："这个贼人射中了我的脚趾！"汉王身受创伤，卧床不起，张良请汉王勉强起来巡行慰劳士卒，以安定军心，不让楚军乘机取胜于汉。汉王出来巡视军队，伤势加重，就驱车进入成皋休养。

汉王病愈，向西进入函谷关，来到栎阳，慰问父老，设酒招待。砍了塞王司马欣的脑袋，挂在栎阳街市上示众。停了四天，又回到军中，驻扎在广武。关中的兵力大举出动。

当时，彭越带兵驻扎梁地，来来往往地骚扰楚军，断绝它的粮食。田横前往依附彭越。项羽多次攻打彭越等人，齐王韩信又进攻楚军。项羽恐惧，就与汉王约定，平分天下，割鸿沟以西归汉，鸿沟以东归楚。项王送回汉王的父母妻子，汉军高呼万岁，楚军告别汉军回到了驻地。

项羽解兵东归。汉王想要领兵西还，后来采用留侯、陈平的计策，进兵追击项羽，到达阳夏南面收兵驻扎。与齐王韩信、建成侯彭越约定时间会合攻打楚军。到了固陵，韩信、彭越不来会合。楚军出击汉军，大败汉军。汉王又进入营垒，深挖壕沟进行防守。使用了张良的计策，于是韩信、彭越都前来会合。又有刘贾进入楚地，围攻寿春。汉王在固陵战败，就派使者去召大司马周殷，用全部的九江士卒迎接武王黥布，黥布、周殷在进军中攻下城父，大肆屠杀。他们随从刘贾和齐、梁的诸侯大会垓下。汉王封武王黥布为淮南王。

五年，高祖和诸侯军一起攻打楚军，与项羽在垓下决一胜负。淮阴侯率兵三十万独当正面，孔将军布兵在左面，费将军布兵在右面，皇帝居后，绛侯、柴将军跟随在皇帝后面。项羽的士兵大约十万。淮阴侯首先会战，没有取胜，向后退却。孔将军、费将军纵兵出击，楚军不利，淮阴侯又乘势反攻，大败项羽于垓下。项羽的士兵听到汉军中的楚歌声，以为汉军全部占领了楚地，项羽就败退逃跑，因此楚兵全军溃败。汉王派骑兵将领灌婴追击项羽，在东城杀了他，斩首八万，于是平定了楚地。鲁县为楚国坚守城池，汉军没有攻下，汉王带领诸侯军北上，把项羽的头给鲁县父老们看，鲁县才投降了。于是就用鲁公的封号在谷城埋葬了项羽。汉王回到定陶，驰入齐王营垒，夺了军队。

正月，诸侯和将相一起请求尊崇汉王为皇帝。汉王说："我听说皇帝这一尊号，属于有贤德的人，虚言浮语，空有其名，不能占有，我不敢承受皇帝之位。"群臣都说："大王起于贫寒，诛暴讨逆，平定四海，有功的就割地封王侯。大王不尊崇名号，大家对自己的封号都要疑虑，不敢信以为真。臣等誓死坚持大王尊称皇帝。"汉王再三谦让，迫不得已地说："大家一定以为这样吉利，是因为有利于国家，我只好做皇帝了。"甲午，在汜水北面即皇帝位。

皇帝说："义帝没有后代。齐王韩信熟悉楚地风俗，迁徙为楚王，建都下邳。封建成侯彭越为梁王，建都定陶。原来的韩王信仍为韩王，建都阳翟。迁徙衡山王吴芮为长沙王，建都临湘。番君的将领梅鋗立有战功，跟随进入武关，皇帝感谢番君的恩德。淮南王黥布、燕王臧荼、赵王张敖都保持旧封。"

于是，天下基本平定。高祖建都洛阳，诸侯都成为高祖的属臣。原来的临江王共骜为了项羽起兵叛汉，命令卢绾、刘贾围攻共骜，没有攻克。几个月后投降了，在洛阳杀了共骜。

五月，士卒都解甲回家。诸侯国的士卒留在关中的免除徭役十二年，那些回家乡的免除徭役六年，发给粮食供养一年。

高祖在洛阳南宫摆设酒席。高祖说："各位诸侯和将领不要隐瞒我，都要说心里话。我所以能够得到天下是什么原因？项氏所以失去天下是什么原因？"高起、王陵回答说："陛下傲慢而侮辱人，项羽仁慈而爱护人。然而陛下派人攻城略地，所招降攻占的地方就封给他，与天下人利益相共。项羽嫉贤妒能，陷害功臣、怀疑贤能，打了胜仗而不论功行赏，取得了土地而不与分利，这就是失去天下的原因。"高祖说："你们知其一，不知其二。说到那在帷帐中运筹划策、决胜于千里之外，我不如子房。镇守国家，安抚百姓，供给军粮，畅通粮道，我不如萧何。连兵百万，战必胜，攻必克，我不如韩信。这三个人，都是人中俊杰，我能任用他们，这是我所以取得天下的原因。项羽有一个范增却不能任用，这是他所以被我擒杀的原因。"

高祖想长期建都洛阳，齐人刘敬劝阻高祖，等到留侯说服高祖入都关中，当天高祖命驾起身，进入关中建都。六月，大赦天下。

十月，燕王臧荼反叛，攻下代地。高祖亲自统率军队攻打他，擒获燕王臧荼，随即立太尉卢绾为燕王。派丞相樊哙领兵攻代。这年秋天，利几反叛，高祖亲自带兵攻打他，利几逃走了。利几这个人，是项氏的将领。项氏失败时，利几为陈县县令，没有跟随项羽，逃走投降了高祖，高祖封他在颍川为侯。高祖到达洛阳，根据全部通侯名籍遍召通侯，利几也被召。利几很慌惧，因此起兵反叛。

六年，高祖五天朝见一次太公，跪拜如同一般百姓的父子礼节。太公家令劝诫太公说："天无二日，地无二主，如今高祖虽然是你的儿子，但他是万民的君主；太公虽然是高祖的父亲，但属于臣下。怎么能让君主拜见臣下！这样，就使君主失去了威严和尊贵。"后来高祖朝拜太公，太公抱着扫帚，在门口迎接，倒退着行走。高祖大惊，下车搀扶太公。太公说："皇帝是万民的君主，怎么能因为我的缘故破坏了天下的法纪！"于是高祖就尊奉太公为太上皇。高祖内心赞美家令的话，赏赐给他黄金五百斤。

十二月，有人上书告发楚王韩信谋反。高祖询问左右大臣，大臣们争着要去攻打韩信。高祖采用陈平的计策，假装巡游云梦泽，在陈县会见诸侯，楚王韩信去迎接，就乘机逮捕了他。这一天，大赦天下。田肯来祝贺。就劝高祖说："陛下抓到韩信，又建都秦中。秦地是地理形势优越的地方，有阻山带河之险，与诸侯国悬隔千里，持戟武士一百万，秦比其他地方好上一百倍。地势便利，从这里出兵诸侯，犹如高屋建瓴。要说那齐地，东有琅邪、即墨的富饶，南有泰山的险固，西有浊河这一天然界限，北有渤海鱼盐之利，地方二千里，持戟武士一百万，与各诸侯国悬隔千里之外，齐比其他地方好上十倍。所以这两个地方是东秦和西秦。不是陛下的亲子弟，不要派他在齐地做王。"高祖说："好。"赏赐黄金五百斤。后来十多天，封韩信为淮阴侯，把他的封地分作两个国。高祖说将军刘贾屡建战功，封为荆王，称王淮东。弟弟刘交为楚王，称王淮西。儿子刘肥为齐王，封给七十余城，百姓中能讲齐地语言的都归属齐国。高祖论定功劳大小，与列侯剖符为信，封侯食邑。把韩王信迁徙到太原。

七年，匈奴在马邑攻打韩王信，韩王信就与匈奴在太原谋反。白土曼丘臣、王黄立原来的赵国将领赵利为王，反叛汉朝，高祖亲自前往讨伐。正遇上天气寒冷，士卒十人中有两三个都冻掉了手指头，终于到达了平城。匈奴在平城围困高祖，七天之后才撤兵离去。命令樊哙留下来平定代地。立哥哥刘仲为代王。

二月，高祖从平城经过赵地、洛阳，到了长安。长乐宫已经建成，丞相以下迁到新都长安。

八年，高祖率军东进，在东垣攻打韩王信的残余叛贼。萧丞相修筑未央宫，建立东阙、北阙、前殿、武库、太仓。高祖回来，看见宫阙壮丽，非常生气，对萧何说："天下喧扰不安，苦战数年，成败尚未可知，现在为什么要修建宫室豪华过度呢？"萧何说："正是因为天下没有安定，所以才乘这个时机建成宫室。况且天子以四海为家，宫室不壮观华丽，就不足以显示天子的尊贵和威严，并且也是为了不让后世的宫室超过。"

于是高祖高兴了。高祖去东垣，经过柏人，赵相贯高等谋杀高祖，高祖心动异常，因而没有在柏人停留。代王刘仲弃国逃跑，自己回到洛阳，被废为合阳侯。

九年，赵相贯高等策划谋杀高祖的事，处死了他们的三族。废赵王张敖为宣平侯。是年，把楚国贵族昭氏、屈氏、景氏、怀氏和齐国贵族田氏迁徙到关中。

未央宫建成后，高祖大朝诸侯和群臣，在未央宫前殿摆设酒宴。高祖手捧玉制酒杯，起身给太上皇祝寿，说："当初大人常常认为我是无以谋生的二流子，料理不了产业，不如仲勤劳。如今我成就的事业与仲相比，谁的多呢？"殿上群臣都高呼万岁，大笑取乐。

十年十月，淮南王黥布、梁王彭越、燕王卢绾、荆王刘贾、楚王刘交、齐王刘肥、长沙王吴芮都来长乐宫朝见。春夏无事。

七月，太上皇崩于栎阳宫，楚王、梁王都来送葬。赦免栎阳的囚犯。郦邑改名新丰。八月，赵相国陈豨反叛。高祖说："陈曾经做过我的使者，遵守信用。代地是我所看重的地方，因此封陈豨为列侯，以相国名义守卫代地，如今竟和王黄等劫掠代地。代地的官吏和百姓并非有罪。赦免代地的吏民。"九月，高祖亲自攻打陈豨。到达邯郸，高祖高兴地说："陈豨不南去据守邯郸，而凭借漳水为阵，我知道他没有本事的。"听说陈豨的将领都是过去的商人，高祖说："我知道该如何对付他们了。"于是就用黄金引诱陈豨的将领，陈豨的将领有很多投降的。

十一年，高祖在邯郸讨伐陈豨等人还没有结束，陈豨的将领侯敞带领一万多人流动作战，王黄驻军曲逆，张春渡过黄河进攻聊城。汉派将军郭蒙与齐国的将领出击，把他们打得大败。太尉周勃从太原进军，平定代地。到了马邑，一时未能攻克，后来就把它攻打得城破人亡。

陈豨的将领赵利防守东垣，高祖攻打东垣，没有攻下。一个多月后，赵利士卒辱骂高祖，高祖非常气愤。东垣投降了，命令交出辱骂高祖的人斩首处死，没有辱骂高祖的就宽恕了他们。于是划出赵国常山以北的地方，封儿子刘恒为代王，建都晋阳。

春天，淮阴侯韩信谋反关中，处死了他的三族。

夏天，梁王彭越谋反，废除他的封号，迁徙蜀地。他又要反叛，于是就处死三族。封儿子刘恢为梁王，儿子刘友为淮阳王。

秋天七月，淮南王黥布反叛，向东兼并了荆王刘贾的土地，北进渡过淮水。楚王刘交跑到薛县。高祖亲自前往讨伐他，封儿子刘长为淮南王。

十二年十月，高祖在会甀已经击败黥布的军队，黥布逃走。高祖命令将领追击他。

高祖率军归还，路过沛县，停留下来。在沛宫摆设酒宴，把过去的朋友和父老子弟全部召集来纵情畅饮。挑选沛中儿童，得到了一百二十人，教他们唱歌。酒喝到酣畅，高祖击着筑，自己作了一首诗，唱起来："大风起兮云飞扬，威加海内兮归故乡，安得猛士兮守四方！"让儿童都跟着学唱。高祖跳起舞，感慨伤怀，泪下数行，对沛县父兄们说："远游的人思念故乡。我虽然建都关中，千秋万岁后，我的魂魄还是牵绕沛县。我从做沛公开始，诛暴讨逆，终取天下。用沛县作为我的汤沐邑，免除沛县百姓的徭役，世世代代不用服徭役。"沛县父老兄弟、长辈妇女、旧日朋友，天天开怀畅饮，极为欢欣，说旧道故，取笑作乐。过了十多天，高祖想要离去，沛县父老兄弟执意挽留高祖。高祖说："我的随从人员众多，父兄们供养不起。"于是高祖就动身了。沛县百姓倾城而出，都到城西贡献牛酒。高祖又停留下来，搭起帐篷，饮宴三天。沛县父兄们都叩头请求说："沛县幸运地得到免除徭役，丰邑还没有获准免除。请陛下哀怜丰邑。"高祖说："丰邑是我生长的地方，绝不会忘记，我只是因为丰邑以雍齿的缘故反叛我而去帮助魏国，所以才不免除它的徭役。"沛县父兄们坚持请求，于是免除了丰邑的徭役，和沛县相同。封沛侯刘濞为吴王。

汉军将领在洮水南北两路追击黥布的军队，都大破黥布军，在鄱阳追获杀死了黥布。樊哙另带一支部队平定代地，在当城杀死了陈豨。

十一月，高祖从征讨黥布的军队中回到长安。十二月，高祖说："秦始皇帝、楚隐王陈涉、魏安釐王、齐缗王、赵悼襄王都绝嗣无后，分别给予十户人家看守坟墓，秦始皇二十家，魏公子无忌五家。"代地官吏和百姓被陈豨、赵利所胁迫的，全部赦免。陈的降将说陈豨反叛时，燕王卢绾派人去陈豨那里参预了阴谋策划。高祖派辟阳侯去接卢绾，卢绾称病不来。辟阳侯回来，详细说明了卢绾反叛已有征兆。二月，派樊哙、周勃率军出击燕王卢绾。赦免燕地官吏和百姓参加反叛的人。封皇子刘建为燕王。

高祖攻打黥布时，被流矢射中，途中得了病。病情严重，吕后请来好医生。医生进去见高祖，高祖询问医生，医生说："病可以治好。"于是高祖谩骂医生说："我以一布衣平民，手提三尺剑取得天下，这不是天命吗？命运在天，虽有扁鹊，又有什么用处！"高祖不让医生治病，赏赐黄金五十斤，叫他离去。不久吕后问高祖："陛下百年以后，萧相国如果死了，让谁接替他？"高祖说："曹参可以。"又问其次，高祖说："王陵可以。然而王陵稍为憨直，陈平可以帮助他。陈平智慧有余，然而难以独任。周勃稳重厚道，缺少文才，但能安定刘氏天下的一定是周勃，可以让他做太尉。"吕后又问其次，高祖说："这以后不是你我所能知道的。"

卢绾和数千名骑兵停留在边塞等候，希望高祖病好了，自己去向高祖请罪。

四月甲辰，高祖崩于长乐宫。过了四天不发丧。吕后和审食其商量说："将领们和皇帝同为编户平民，如今北面称臣，为此常怏怏不乐。现在事奉年轻的皇帝，（心里会更不高兴，）不全部族灭这些人，天下不会安定。"有人听到这个消息后，告诉了郦将军。郦将军去见审食其，说："我听说皇帝驾崩，四天不发丧，想要诛杀将领们。如果真是这样，天下就危险了。陈平、灌婴统率十万士卒驻守荥阳，樊哙、周勃统率二十万士卒平定燕、代，这时他们听到皇帝驾崩，将领们全都被杀，必定连兵回来向关中进攻。大臣叛乱于内，诸侯造反于外，天下覆灭可以翘足而待了。"审食其进宫把这些话告诉了吕后，于是就在丁未发丧，大赦天下。

卢绾听说高祖驾崩，就逃入匈奴。

丙寅，安葬高祖。己巳，立太子为皇帝，来到太上皇庙。群臣都说："高祖起于细微平民，拨乱反正，平定天下，是汉朝的开国始祖，功劳最高。"上尊号为高皇帝。太子袭号为皇帝，这就是孝惠帝。命令各郡和各国诸侯建立高祖庙，按照每年的时节祭祀。到了孝惠帝五年，孝惠帝思念高祖回沛时的悲乐情景，就把沛宫作为高祖原庙。高祖所教唱歌的儿童一百二十人，都让他们做高祖原庙中演奏音乐的人员，以后有缺额，就立刻补上。

高皇帝八个儿子：长子是庶出的齐悼惠王肥；其次是孝惠帝，吕后所生；再次是戚夫人生的赵隐王如意；再次是代王恒，已立为孝文帝，薄太后所生；再次是梁王恢，吕太后时徙为赵共王；再次是淮阳王友，吕太后时徙为赵幽王；再次是淮南厉王长；再次是燕王建。

千古奇才——孙武与孙膑

孙武，齐国人，拿所著兵法十三篇求见吴王阖庐。阖庐对孙武说："你写的十三篇兵法，我都全部看过了，是否可以演练一下操兵的阵法？"孙武答道："可以。"阖庐又问："可以用妇人试验一下吗？"孙武说："可以。"于是阖庐为了试验孙武，从后宫挑选美女一百八十人交给孙武。孙武把美女分成二队，叫吴王最宠爱的两个美姬分别充当队长，每人都手持长戟一把。孙武下令说："你们知道前心与后背以及左右手的位置吗？"妇女们说："知道。"孙武说："向前，你们就朝心口看；向左，你们就朝左手看；向右，你们就朝右手看；向后，你们就转身朝背看。"妇人说："行。"规定既已宣布清楚，又陈设斧钺，当即三令五申重复了几次，于是敲响向右的鼓声，妇人们听了都笑得前仰后合。孙武说："规定不清，号令不严，这是将领的罪过。"于是又三令五申，把规定讲了几遍，然而敲响向左的鼓声，妇人们仍大笑不止。孙武说："规定不清楚，号令不熟悉，这是将领的罪过；现在既已讲清规定而仍不按规定的去做，那就是吏士的罪过了。"当即下令要斩左右队长。吴王在台上观看演习，见要斩他爱姬，大为吃惊，急忙派使者下令说："我已经知道将军能用兵了。我没有这两美姬，食不甘味，希望不要斩首。"孙武说："臣既已受命为将，将在军中，对君王的命令可以不予接受。"说完就下令将二人斩首示众。用地位稍次的美姬担任队长，于是又敲起了鼓声。妇人左右前后、跪下起立，都符合规定要求，不敢出声。然后孙武派使者回报吴王说："士兵已演习整齐，君王可下台来试试看，任凭君王如何调用，哪怕是赴汤蹈火也一样能行。"吴王说："将军回居舍休息，我不愿下台观看。"孙武说："君王只不过喜欢我兵书上的话，而不能用它去做。"因此阖庐知道孙武能用兵，终于任他为将军。西破强楚，攻入楚国国都郢，北威齐晋，显名于诸侯，孙武在其中出过不少力。

孙武死后一百多年出了个孙膑。孙膑生于阿、鄄之间一带，是孙武的后世子孙。孙膑曾与庞涓同学兵法。后来庞涓从事魏国，成为魏惠王的将军，而觉才能不及孙膑，便派人召来孙膑。孙膑到了魏国，庞涓唯恐孙膑优胜于自己而嫉妒他，于是以刑法割断他的两脚并在他脸上刺刻涂墨，使其隐居而不能与魏王见面。

齐国的使者出使到魏国的大梁，孙膑以刑徒身份私下会见，与齐使交谈。齐国使者看孙膑是个奇才，于是偷偷地用车把他载送到齐国。齐国的将军田忌欣赏孙膑的才能而以客礼接待他。田忌与齐国的诸公子多次赛马重金赌胜，孙膑见到他们的马奔跑能力都相差不多，并且把马分为上、中、下三等。于是孙膑与田忌说："您尽管下大赌注，臣下能使您大胜。"田忌对孙膑的话深信不疑，与齐王及诸公子以千金赌胜。到临比赛时，田忌问计于孙膑，孙膑说："今以您的下等驷马与他们的上等驷马比赛，请用您的上等驷马与他们的中等驷马比赛，请用您的中等驷马与他们的下等驷马比赛。"三等驷马比赛完毕，结果田忌胜两场负一场，终于赢得齐王的千金。由此田忌把孙膑推荐给齐威王。威王问孙膑兵法，并封他为军师。

后来魏国攻赵，赵国危急，向齐国请求救援。齐威王想任命孙膑为将，孙膑推辞谢绝说："受过刑的残疾人不可为将。"于是任田忌为将，而孙膑为军师，坐于辎车之中筹划计谋。田忌要引兵到赵国，孙膑对田忌说："解除杂乱纠纷不能用拳头；解救争斗不能以手刺人。避实击虚，利用形势来牵制敌人，才能不救而自可解除。现在魏国与赵国正相互攻战，精兵锐卒必定全部用于国外作战，老弱病残留在国内。您还是引兵迅速前往大梁，占据街路交通要道，攻击敌人弱点，他们必然会放弃进攻赵国而回兵自救。这是我们一举解除赵国之围而同时又收到攻击魏国弊弱的效果。田忌接受了孙膑的计谋。魏国果然离开了赵国的邯郸，回军与齐军战于桂陵。结果大败魏军。

　　十三年后，魏国联合赵国进攻韩国。韩国向齐国告急求援。齐国任命田忌为将前去，直攻大梁。魏国将军庞涓闻讯，急忙从韩国赶回，但齐军已越过西部边境攻入魏国。孙膑对田忌说："他们三晋的魏、赵、韩军队，素来骠悍勇武而轻视齐军，称齐军为怯懦。善于战斗者要因势而利导。兵法上说，行军百里与敌争利者损上将，行军五十里与敌争利者只有一半的军队才能赶到。齐军攻入魏地时先造十万个灶，第二天为五万灶，再过一天为三万灶。"庞涓行军追赶了三日，见齐军炊灶日益减少心中大喜说："我本来就知道齐军怯懦，进入我国境内三天，士卒就逃亡了一大半。"于是只率轻骑锐卒日夜加速追赶。孙膑估计庞涓的行军速度，天黑即可赶到马陵。马陵道路狭窄，旁多阻险，可埋伏兵马。于是命人削去一棵大树的树皮，在露出的白木上写了："庞涓死于此树下。"然而命令齐军中善于射箭者拿了一万张弓弩，埋伏在道路两旁，预先与他们说好："夜里见到有人举火就万箭俱发。"庞涓果然夜晚来到削去树皮的大树下，见白木上写着字，便钻火照明。字未读完，齐军万箭俱发，魏军大乱而互相顾此失彼。庞涓自知智穷兵败，便自刎说："成全了孙膑这小子之名吧！"齐军乘胜全歼魏军，俘虏了魏国太子申回国。孙膑以此名显天下，世人传习他的兵法。

汉

书

《汉书》概论

　　《汉书》是我国史学史上第一部纪传体断代史，也是第一部专记一代政权兴亡的皇朝史。《汉书》由汉代班固编撰而成，全书共一百卷，分十二纪、八表、十志、七十列传，记述上起公元前206年汉高祖元年，下迄公元24年整个两汉一代的二百三十年史事。

一

　　班固（公元32～92年），字孟坚，东汉扶风安陵（今陕西咸阳市东）人。班固出生在一个家资豪富、有外戚身份，并有正统家学传统的家庭。这个家庭，首先为他提供了良好的教育环境，其次，为他著述《汉书》提供了思想上、编撰上的基础。从建武二十三年（47）到建武三十年（54）的八年时间里，他不仅学习了儒家的经典著作，而且对于诸子百家学说，也进行了广泛的探讨。学习上，班固并不拘泥于一家之言，也不去死抠章句，而是着重领会其大义。他非常熟悉西汉故事，在父亲的影响下，又逐渐转向汉史的研究。

公元54年，父亲班彪去世，班固离开太学回家居丧。居丧期间，潜心阅读其父的遗作。读完《史记后传》之后，他认为该书的记叙很不详尽，决心在其基础上搜集资料、改定体例，重新撰写一部记述汉代史实的书籍。但是，在汉明帝永平五年（62年）有人向朝廷上书，告发他私自改作"国史"，于是班固被捕入京城监狱，书稿也被抄去。

班固的弟弟，东汉名将班超听说此事，赶到京城，上书为兄辩白。明帝看了书稿，非常赞赏他的史学才能，召他到京师任兰台令史，掌管朝廷的藏书，并进行校勘工作。第二年，又被提升为秘书郎，典校秘书。这期间，班固与令史陈宗、尹敏、孟异等写成《世祖本纪》，其后，又撰成功臣、平林、新市、公孙述等列传和载记二十八篇奏上。这些著述，后来都成了《东观汉记》的重要组成部纷。

班固因文章写得好，深得皇帝喜欢，章武帝建初三年（78），班固升为玄武司马，负责守卫玄武门。在皇帝面前的他，不仅是史臣而且成为近臣。永元四年

（92），窦宪以外戚专政，和帝利用宦官的势力夺取了窦宪的权力。由于和窦宪关系密切，班固也被免除官职。洛阳令种竞因曾受班家奴仆的侮辱，遂乘机报复，将班固罗织入狱，不久班固便死在狱中。班固一生不仅以《汉书》扬名后世，还著有许多诗文。其中的文采名扬于世。

班固所处的特定时代背景，使他的史学面临着这样的任务：以儒家正统思想为准绳，总结西汉王朝在政治、经济、文化上的成败得失，为东汉政权提供经验教训；以"皇权神授"、"天人感应"为指导，从历史上论证"汉承尧运"，承天"正统"，而且"天祚未改"，从而证明西汉王朝存在的唯一性，也为自称刘氏政权"中兴"的东汉王朝提供维护政权的神化了的历史依据。班固以这样的任务为目标，发展并完善了父亲的著述思想，提出了著述《汉书》的宗旨：

首先，在体裁上，班固摒弃了纪传体通史的形成，也不像父亲那样为《史记》作续编，而是"起元高祖，终于王莽之诛，十有二世，二百三十年"，断代为史，从而在著述形式上改变了刘汉"编于百王之末，厕于秦、项之列"的历史地位。其次是在指导思想上，明确地提出要"旁贯《五经》"，即要用《五经》的道义，把刘汉二百多年的历史讲清楚。这与司马迁的

"一家之言"大异其趣。

《汉书》经四人之手，历三四十年之久，才最后编撰完成。班彪的《史记后传》为班固的写作打下坚实的基础。在明帝永平元年（58），开始了《汉书》的编撰工作。任兰台令史之后，班固"专笃志于博学，以著述为业"（《汉书·叙传》）。在与同僚一起完成部分国史的撰述之后，明帝下诏令他在兰台继续撰写未完成的《汉书》，"自永平中始受诏，潜精积思二十余年，至建初中乃成"（《后汉书·班彪传》）。全书基本完成后，仍对其中一些篇章进行增补。

班固著述《汉书》以前，有关西汉的史书已有多种。《史记》是一部通史，但对汉初的历史用力甚厚。《史记》问世以后，从西汉后期到东汉初年，补续该书的人很多。先是有诸少孙的"补阙"，接着又有刘向、冯商、扬雄等十五人的撰述。东汉初年，班彪把刘向等人的续《史纪》汇聚一起，称为《别录》，同时又写成《史记后传》。身处兰台为令史的班固，充分利用前人已有的成果，《汉书》一书，武帝以前的历史记载，大都采用《史记》，约有五十篇，当然，他并不是完全照搬《史记》原文，加工整理修改补充的工作做了很多。武帝以后的记载，以其父的《后传》为蓝本，综合各家著述，缀集而成。这样，班固在前人撰述的基础上，以自己独特的宗旨为主线，把各种关于西汉的史实加以排列组合，基本上编撰完成《汉书》。

班固去世以后，仍有八表及《天文志》未完成。汉和帝又令其妹、我国第一位女历史学家班昭继作八表，马续补作《天文志》。终于，《汉书》得以最后完成。

二

《汉书》沿用了《史记》的纪传体，但它改《史记》的纪传体为断代史，从而成为后世纂修王朝史的典范。《汉书》原本一百卷，但一些较长的篇目被后来的人分割开，流传于世的就有今本一百二十卷的面貌。全书共八十余万言。

十二本纪，记述了高、惠、高后、文、景、武、昭、宣、元、成、哀、平十二世的大事，编年记事，为全书总纲。

八表，前六表分别谱列王侯世系；后二表，一为《百官公卿表》，记录秦汉官制及汉代公卿的迁、免、死，一为《古今人物表》，实际上只记"古"而不记"今"，是对汉代以前历史人物的评价。

十志，《律历志》叙述汉代声律、度量衡、历法及其与农业和日常生活的关系。

《礼乐志》叙述历代礼制、乐制的变化。

《刑法志》记述宗固以来至东汉初年，军制和刑法的变化。

《食货志》记述了远古至王莽时期社会财政经济的演变。

《郊祀志》记述先秦至汉代的郊祀、封禅情况。

《天文志》记录天象及其变化。

《五行志》记录了从古到汉的自然现象及与人事参验情况，罗列了董仲舒、刘向、刘歆等人的五行灾异说。

《地理志》以《禹贡》、《周官》为据，记载了汉以前的地理沿革、九州状况；又记述了汉郡县封国建置由来和变革，它们的山川和户口，各地区的风土及海外交通。

《沟洫志》叙述了秦汉兴修水利，治理黄河及各地灾害情况。

《艺文志》依据刘歆《七略》，加上班固自己的见解，按照六艺、诸子、诗赋、兵书、术数、方技的顺序，著录了西汉末年皇家藏书的名称、卷数、作者、存轶情况，并论其学术的派别源流、是非得失。

七十列传，大部分是西汉重要人物的传记；《匈奴

列传》、《西南两越朝鲜列传》、《西域列传》是对汉代
边疆各民族历史的记载。

（一）《汉书》的主要特点有：

第一，创立了"正史模式"。作为第一部断代史，
《汉书》作者班固改变了司马迁的本意。把司马迁考察
"王迹所兴"的意图变为以帝王为中心，一帝一纪，确
立了纪传体本纪"书君上以显国统"（刘知己《史通·
本纪》）的"正史"模式。司马迁创立本纪，主要记录
在历史上确实左右天下大势的政权兴衰，以编年纪事为
全书总纲，而不是专记一姓一帝政权的得失。所以
《史记》在秦汉之际列《项羽本纪》，而不为秦二世立
纪；列《吕后本纪》虽用惠帝纪年，但不为惠帝立纪，
《汉书》则在高、文之间，专立《惠帝本纪》；对西汉
末年徒有虚名的成帝、哀帝、平帝也分别立纪，对元
后、王莽则立传以记之。

《汉书》对列传的编撰也作了重大变动。首先，去
掉《世家》，以《世家》入传。司马迁立《世家》是
为了记载诸侯、勋贵和对社会起过比较突出贡献的人物
及大事。经过汉代不断的"削藩"、"推恩"、夺侯等消
除诸侯势力的措施，王国势力渐渐变得与富室无异，因
此，班彪与班固以"世家"入"传"是符合历史实际
的。其次，《汉书》一改《史记》的合传、专传、类传

的次序杂乱为一律以时间先后顺序为主，先专传、合传，次类传，再次以边疆各族传，以"贼臣"《王莽传》居末，避免了《史记》或以时代相同、或因事迹相关给读者带来的不便。其三，《汉书》整齐了列传标目。《史记》列传标目，或是姓标，或以名标，或为字标，或是官标目，体例不统一；《汉书》除诸王传外，一律以姓或姓名标目。其四，适当地运用了合传的形式，较好地收到了行简、知类的效果。如"魏豹、田儋、韩信"以"皆六国之人"合传；公孙、刘、田、王、杨、蔡、陈、郑都因其为"武帝时丞相御史大夫"而合传；张苍、周昌至申屠嘉等以"诸为御史大夫者"而合传；眭弘、两夏侯、京房、翼奉、李寻则以"皆通术数说灾异者"而合传等等。这些合传把人品相近或事迹相类的人物合记到一起，使人物传记各具特色，人物特性相得益彰。

《汉书》的《表》新创了《外戚恩泽侯表》、《古今人表》和《百官公卿表》，增补了《史记》不能表及的昭、宣、元、成间功臣存亡续绝。

《汉书》还把《史记》的八书改为十志，从而比《史记》的八书，有了重大发展，增立的《刑法志》、《地理志》、《艺文志》、《五行志》，使"志"包容了更多的社会内容，扩大了历史学的领域。

第二，灵活的纪传体例。一是寓通于断。班固断代为史，从思想根源上说，是为了加强刘氏王朝并非由秦、项的历史发展而来，而是直接从尧那里，继承"天统"而兴。这样，《汉书》在论证了刘氏王朝掌握天下大权的合法性的同时，却割断了历史运动进程的客观连续性。另外，班固虽然将秦、项、陈胜排出了神意规定的"宣统"程序，却并不湮没他们作为历史存在的事实。在表列中，虽然班固以汉为首栏，突出了汉的地位，但它仍是如实地记述了汉元年一月至文帝后元七年，项羽所封异姓八王的置废兴亡；列陈胜、项籍为首传，以叙述"上嫚下暴，惟盗是伐，胜、广燀起，梁、籍扇烈。赫赫炎炎，遂焚咸阳……诛婴放怀、诈虐以亡"的整个过程。全书以《外戚传》、《元后传》、《王莽传》为终曲，表现出西汉末年，外戚干政，王氏弄权，最终王莽篡位的历史发展趋势。《王莽传》又是以传代纪，王莽摄政以后，即编年纪事，实际是帝纪的一种变体。又把孺子婴的三年间事，编入其中。全传长达四万字，实际就是一部新朝史。这样《汉书》在处处以刘氏王朝占主导地位，用多种体例相互配合，详尽地记载了西汉一代兴衰的历史脉络。班固立旨神化刘氏王朝，同时又兼顾历史发展的真实的"潜研精思"。二是因事命篇。封建专制制度的一个致命弱点，是权力高度集中于帝王之手。于是造成了外戚后妃、宦官、宗室等接近权力中枢，挟主专权，乃至倾覆皇权的必然后果。西汉一代，外戚欲霸皇权以及因此而出现的统治阶级内部矛盾，始终存在，至王莽篡位到极点。班固把散见于《史记》三个侯表中的外戚、恩泽侯集中起来，专立一表，不仅表列丞相献媚以受封之事，更著明西汉一代外戚的失势、封侯、势力渐增的发展脉络为统治者提供了急需的驾驭政权的钥匙。

（二）《汉书》以十志为主干，详实、系统地描述了西汉王朝规模宏大、地域辽阔的大一统气象。具体说来，《汉书》博大的历史内容可概括为以下几点：

第一，详细地记载了西汉封建专制政体的国家职能。以《地理志》为例。《地理志》通过对西汉行政区划及其风土人情、地理环境的详细记载，描述了封建国家的版图、人口、自然资源状况，具体地体现了汉代统治的具体效果。《地理志》主要写西汉地理，它以郡国为条，用本文加注的形式，依次写各郡、国及其下属县、道、侯国的地理概况，诸如郡县的民户、人口、郡县废置、并分、更名的历史，各地特产，都尉、铁官、盐官、工官等治所，山川湖泽，关塞要隘，名胜古迹，道理交通，等等情况。并总计了西汉平帝时郡、国、县、道、侯国的总数，全国的幅员，土地面积，定垦田、不可垦地、可垦不可垦地，民户，人口总数等。班固自司马氏立《货殖列传》之后，特立《地理志》，不仅发展了《货殖列传》的内容，更把郡县设置、人口多寡、垦田数目纳入历史记载的范围，这标志着我国古代史家对于客观历史认识的深入和提高，标志着我国史学史在编纂方法和历史观点上的重大发展。

第二，详细地记载了汉代的社会经济状况。这集中体现在《食货志》和《货殖列传》中。《货殖列传》是对先秦及汉代经贸活动的总体及个别介绍，其史实基本取材于《史记·货殖列传》，没有太多的补充。但《食货志》却在《平准书》的基础上，作了相当大的增补和调整。一是分门别类，改变了《平准书》农政、财政混杂叙述的方式，先言"食"记农业生产和农业政策，后言"货"，记货币、商业和财经政策，脉络清晰、次序井然。二是大大扩展了记叙的范围。《平准书》以汉代前期经济为叙述范围，《食货志》则补充秦以前和武帝以后的史实，全面反映了自古至汉的社会经济状况，也使汉代的经济措施有了对比鉴戒的参数。三是材料搜集更为齐全，内容超出《平准书》一倍多。对于先进的生产技术、有价值的理论观点及重要的经济政策，都作了记载。

第三，详细地记载了中国边疆内外各少数民族的历史。班固的《西域传》，对新疆各民族城邦以及安息、大月氏、大夏、梨靬、条支等国的风土物产、道里远近、户口人数、自然环境以及社会发展等作了比较完整的记录，还叙述了汉朝与匈奴在西域进行争夺战争的历史以及汉朝与西域各国经济文化交流的历史。无论在国内民族史，还是在中亚、西南亚古民族史研究上，《西域传》都占据了重要的文献地位。

第四，记述了先秦至西汉的学术发展史，总结了其成就。《汉书》对学术史的记载极为丰富。班固把《天文志》、《五行志》、《律历志》的内容，作为国家政权建设不可缺少的政治措施看待的，其地位仅次于帝王和百官，远甚于州域建制和地理环境的影响。并大大地超出了他备为推崇的郊祀和儒学《六经》的作用。

班固很推崇儒家学说，他总结儒学的发展史，以及儒学与阴阳五行学说相互杂糅，逐渐形成了一套神学理论的发展过程。《儒林传》概述了儒家学说的起源、宗旨，以及从春秋经战国至秦汉的传播情况。特别是详细地记录了西汉各经师的活动和经学各种典籍在西汉一代的传授历史。将此与董仲舒、公孙弘等传联系起来看，可以清楚地理出儒家思想在汉代逐步取得支配地位的原因和过程。

《艺文志》则是对东汉以前我国学术史的集中总

结。《艺文志》将图书分为六大类称为《略》，每一大类下又分若干小类。《六艺略》有易、书、礼、诗、乐、春秋、论语、孝经、小学诸类。《诸子略》有儒、道、阴阳、法、名、墨、纵横、杂、农、小说诸类。《诗赋略》有屈原赋、陆贾赋、孙卿赋、杂赋、歌诗诸类。《兵书略》有兵权谋、兵形势、兵阴阳、兵技巧诸类。《数术略》有天文、历谱、五行、蓍龟、杂占、形法各类。《方技略》有医经、经方、房中、神仙各类。每一《略》又都有对这一学派发展史及特点的总结。这是对西汉末年皇家藏书的集中著录和总结。也是我们现在研究先秦秦汉学术派别的重要依据。

第五，《汉书》的实录精神。班固敢于秉笔直书，揭露汉代统治的阴暗面。《武帝纪》中，班固大力称赞武帝的雄才大略，说他"宪章立方学、统一圣真"，"兴太学，修郊祀，改正朔，定历数、协音律、作诗乐、建封禅、礼百神。绍周后，号令文章"的同时，又在其他篇章中，指出武帝的奢侈和大兴功利对社会造成的严重损害。《昭帝纪》云："孝武奢侈余敝，师旅之后，海内虚耗，户口减半。"至于其他地方对上至皇帝，下至官吏、士人的批评大都是基于现实写作的。

（三）《汉书》对后代史学具有重要的影响。

第一，《汉书》是我国史学史上第一部纪传体断代史。班固《汉书》断代为史，可以说是对纪传体的扬长避短之举。断代史与纪传体比较，虽不易写出历史的古今发展，却能写清一代之始末，也易于译写近代史和当代史。故《汉书》一出，就成为断代体史书的鼻祖。

第二，《汉书》是我国史学史上第一部以封建正统思想为指导思想的史书。班固的《汉书》明确提出要在叙说历史演变的过程中，"旁贯《五经》，上下洽通"。班固以先验的正统史观说明历史的发展变化，以正统思想评论、总结历史的存亡得失，这一方面是为维护和巩固东汉封建统治提供了历史依据，另一方面则正好说明正统思想已在史学领域中确立了它的统治地位。

第三，《汉书》在编撰上的成就和浓厚的正统封建史观，对后世史学产生了深远的影响。二十四史中，除《南史》和《北史》为纪传体通史外，其余都是纪传体断代史；各史的纪、表、志、传的编制，也多沿用《汉书》体例而有所损益。从这一点上说，《汉书》的影响大大超过了纪传体的开山之作《史记》的影响。遗憾的是，隋唐之后，许多史家不察班固的"整齐其文"、"方以藏智"之外，更有别出心裁贯穿其中，而是一味摹仿《汉书》体例严谨的特点。

班固开始将封建正统思想作为编撰史书的指导思想，在以后二千年的封建史学发展史上，正统思想一直成为史学领域的指导思想。从西晋末年起，各个封建王朝修撰历史，都宣称自己是正统，指斥敌对政权为僭伪。正统思想强烈地左右着史学的方向。

《汉书》中载有许多阴阳灾异之说，并特创《五行志》以记载。汉隋之际的纪传体史书，凡有志者，都必有《五行志》，有的更名为《瑞应志》、《符瑞志》。其他篇章中，也充斥了鬼神怪异、道本佛法的记述。这种有意识的神学目的论的宣扬，增加了史学著作不应有的鬼神气氛，但也在不经意之中保存了较多的科技史、思想史、宗教史的材料。

《汉书》以其巨大的成就，在中国史学史上占据了除《史记》之外的最高地位。它以其编纂上的巨大成就和浓厚的正统思想，领袖了正统史学。

三

《汉书》一书，为历代学者所讽诵，并为历代史学墨客称道不绝。这不仅因为它在内容上的详实赅富，体例上的严整有序，而且还要归结于它在历史文学方面所具有的独特魅力。《汉书》叙述则有条不紊，错落有致；写人则刻画细致，个性鲜明，整书语言准确、凝炼，典雅富丽。如：《苏武传》中，班固倾注了满腔爱国热情，着力表彰苏武坚贞不屈的民族气节和誓死如归的高贵品质，塑造了一个精诚爱国，利诱不为之动，威武不使之屈的民族英雄形象。"北海牧羊"一段，集中描写了苏武"历尽难中难，心如铁石坚"的英雄气概。"（卫）律知武终不可胁，白单于。单于愈益欲降之，乃幽武置大窖中，绝不饮食。天雨雪，武卧啮雪与旃毛并咽之，数日不死，匈奴以为神。乃徙武北海上无人处，使牧羝，羝乳乃得归。……武既至海上，廪食不至，掘野鼠去草食而食之。杖汉节牧羊，卧起操持，节旄尽落……"当李陵劝其投降时，苏武毅然说："自分已死久矣！王必欲降武，请毕今日之欢，效死于前。"苏武为国家宁愿肝脑涂地的大无畏精神永垂青史。

政　略

世风日下

是时^①，有日蚀地震，上问以政治得失，衡^②上疏曰："……今天下俗贪财贱义，好声色，上^③侈靡，廉耻之节薄，淫辟之意纵，纲纪失序，疏者逾内，亲戚之恩薄，婚姻之党隆，苟合徼^④幸，以身设利。不改其原，虽岁赦之，刑犹难使错而不用也。……"

（《汉书·匡衡传》）

【注释】

①是时：指宣帝崩、元帝初即位时。②衡：匡衡，汉大臣。③上：同"尚"。④徼（jiǎo）：求。

【译文】

当时，出现日食和地震，皇上问政治上与之相应的得失，匡衡上奏折说："……如今天下风气贪财贱义，喜好歌舞女色，崇尚奢侈铺张，廉耻的气节淡薄，邪恶的思想放纵，礼法颠倒错乱，妻妾之家的地位超过了同姓骨肉，父母本家的恩情淡薄，妻妾外家的人受到尊崇，苟且结合，投机取巧，借以谋求私利。这种风气如果不从根本上加以消除，虽然每年下一次赦令，也不能放弃刑法。……"

防患于未然

初，霍氏①奢侈，茂陵徐生曰："霍氏必亡。夫奢则不逊，不逊必侮上。侮上者，逆道也。在人之右，众必害之。霍氏秉权日久，害之者多矣。天下害之，而又行以逆道，不亡何待！"乃上疏言："霍氏泰②盛，陛下即爱厚之，宜以时抑制，无使即亡。"书三上，辄报闻。其后霍氏诛灭，而告霍氏者皆封。人为徐生上书曰："臣闻客有过主人者，见其灶突直，傍有积薪，客谓主人，更为曲突，远徙其薪，不者且有火患。主人嘿然不应。俄而家果失火，邻里共救之，幸而得息③。于是杀牛置酒，谢其邻人，灼烂者在于上行，余各以功次坐，而不录言曲突者。人谓主人曰：'向使听客之言，不费牛酒，终亡④火患。今论功而请赏，曲突徙薪无恩泽，焦头烂额为上客耶！'主人乃寤而请之。今茂陵徐福数上书言霍氏且有变，宜防绝之。向使福说得行，则国亡裂土出爵之费，臣无逆乱诛灭之败。往事既已，而福独不蒙其功，唯陛下察之，贵徙薪曲突之策，使居焦发灼烂之右。"上乃赐福帛十疋，后以为郎⑤。

（《汉书·霍光传》）

【注释】

①霍氏：指霍光的家族。②泰：通"太"。③息：通"熄"。④亡：通"无"。⑤郎：官名，侍从皇帝左右。

【译文】

当初，霍光族人骄横奢侈，茂陵徐生说："霍氏一定会灭亡。因为骄奢的人不懂得谦让，不谦让就会对皇上不尊敬。不尊敬皇上，这是大逆不道。位居众人之上，人们一定会嫉恨他们。霍家人掌权时间如此长，嫉恨他们的人自然也多。天下人嫉恨他们，而他们的行为又违反礼仪，不灭亡，更待何时！"于是上书说："霍家太兴盛了，陛下既然很宠爱霍家，就应该加以抑制，不使它灭亡。"上书三次，只回答说知道了。后来霍家诛灭，而告发霍家的人都受到封赏。有人为徐生鸣不平，上书说："我听说有一位客人看望主人，看见主人家的灶上的烟囱是直的，旁边堆着柴，客人告诉主人，应该将烟囱改为弯曲的，将柴移远，不然会有火灾。主人很不高兴，没有回答。不一会儿家里果然失火，邻居共同来救火，幸好被熄灭了。于是主人家杀牛摆酒，向邻里道谢，被烧伤的人坐在上席，其余的以功劳大小依次坐下，而不请建议将烟囱改弯的人。有人对主人说：'当初要是听从了那位客人的话，就可以不破费牛酒，而且没有火灾。现在论功行赏，建议改弯烟囱移走柴堆的人没有得到好处，烧得焦头烂额的反而坐在上席！'主人醒悟，请来那位客人。现在茂陵徐福几次上书说霍氏将有阴谋，应该防备制止他们。当初如果徐福的建议得以实行，那么国家没有裂土封赏和赐给爵位的费用，臣子没有因叛乱被诛灭的灾祸。事情既然已经过去，但徐福却不曾因功受赏，请陛下细察，应该看重徙薪曲突防患于未然的策略，让他居于焦头烂额的救火功劳之上。"宣帝于是赐给徐福10匹帛，后来封他为郎官。

王凤谏成帝赐书宜慎

后年来朝，上疏求诸子及《太史公书》，上以问大将军王凤①，对曰："臣闻诸侯朝聘，考文章，正法度，非礼不言。今东平王幸得来朝，不思制节谨度，以防危失，而求诸书，非朝聘之义也。诸子书或反经术，非圣人，或明鬼神，信物怪；《太史公书》有战国纵横权谲之谋，汉兴之初谋官奇策，天官灾异，地形阴塞；皆不宜在诸侯王。不可予。不许之辞宜曰：'五经②圣人所制，万事靡不毕载。王实乐道，傅相皆儒者，且夕讲诵，足以正身虞意。夫小辩破义，小道不通，致远恐泥，皆不足以留意。诸益于经术者，不爱于王。'"对奏，天子如凤言，遂不与。

（《汉书·东平王传》）

【注释】

　　①王凤：成帝舅父。②五经：即《诗》、《书》、《礼》、《易》、《春秋》五部经书。

【译文】

　　第三年东平王刘宇来京都朝见，上奏求赐诸子书及《太史公书》，成帝拿这事问大将军王凤，王凤回答说："我听说诸侯朝见问安，应当依据儒家的礼仪和国家的章程，端正法度，非礼不言。现在东平王有幸能来朝见，不思谨守法度，以免走入邪道，却求赐诸子书和《太史公书》，这不是朝见的正道啊。诸子书或者反对儒家的经术，批评圣人，或者阐述鬼神，信从鬼怪；《太史公书》里记载有战国纵横权变的谋略，汉兴之初谋臣的奇计妙策，以及天象、自然灾异、地形险要。这些书都不应当在诸侯王手中。不可给他。不答应的话应当这样说：'儒家的经典《五经》，乃圣人所制定，上面事事有所记载。东平王你爱好儒家的道义，辅佐的国相都是儒者，每天讲诵经书，已经足够端正自身的行为和思想了。琐细的辩论损害大义，狭小的道术难通高处，用来谋求高远的目标，恐怕难以达到，都不足以用心学习。那些对儒家经术没有用处的东西，希望东平王你不要顾惜。'"当东平王面见成帝时，成帝就按王凤所说的话回答他的请求，终究不曾赐给他那些书。

御 人

霍光评相

　　义为丞相时年八十余，短小无须眉，貌似老妪，行步俛偻^①，常两吏扶夹乃能行。时大将军光秉政，议者或言光置宰相不选贤，苟用可专制者。光闻之，谓侍中左右及官属曰："以为人主师当为宰相，何谓云云？此语不可使天下闻也。"

（《汉书·蔡义传》）

【注释】

　　①俛偻：即"俯偻"。

【译文】

　　蔡义担任丞相时已有80多岁，身材矮小，且无胡须和眉毛，相貌像一个老妇人，走路时身子佝偻，常常需要两名小吏左右扶持着才能行走。当时大将军霍光掌持朝政，议论的人有的说霍光任命宰相不选贤能，只用那些他可以控制的人。霍光听说了，对皇帝的侍从官和自己的属官说："我认为皇帝的老师应当任宰相，怎么有那种说法呢？这话不能让天下百姓听到。"

苏武牧羊

律知武终不可胁①，白单于。单于愈益欲降之，乃幽武置大窖中，绝不饮食。天雨雪，武卧啮雪及旃②毛并咽之，数日不死，匈奴以为神，乃徙武北海③上无人处，使牧羝④，羝乳⑤乃得归，别其官属常惠等，各置他所。

武既至海上，廪食不至，掘野鼠去屮实而食之⑥。杖汉节牧羊，卧起操持，节旄尽落。

（《汉书·苏武传》）

【注释】

①"律知"句：律，卫律，西汉长水胡人，投降匈奴后被封为丁灵王。武，即苏武，西汉名臣，公元前100年奉命出使匈奴，被扣。②旃：通"毡"，毛织物。③北海：今西伯利亚的贝加尔湖。④羝（dī）：公羊。⑤乳：生育。⑥"掘野"句：去（jǔ），通"弃"，收藏。屮（cǎo），今作"草"。

【译文】

卫律知道苏武不会因威胁而屈服，就报告了单于。单于越发想招降苏武，于是把苏武囚禁在一个空地窖里，断绝他的饮食。天下着雪，苏武躺在地上，咬着雪和毡毛一起吞咽，过了好多天都没死。匈奴以为有神保佑，便把苏武流放到荒凉的北海边上，令他放牧公羊，声言待公羊生育之后才许他归来。苏武的其他随员常惠等分别隔开，囚禁在别的地方。

苏武到了北海边上，匈奴不供给粮食，他只好挖野鼠所藏的草籽充饥。他每天都拄着汉朝的符节牧羊，因为常握在手中，连符节上的毛都脱落光了。

张骞出使西域

张骞，汉中①人也，建元②中为郎。时匈奴降者言匈奴破月氏③王，以其头为饮器，月氏遁而怨匈奴，无与共击之。汉方欲事灭胡，闻此言，欲通使，道必更匈奴中，乃募能使者。骞以郎应募，使月氏，与堂邑氏奴甘父俱出陇西。径匈奴，匈奴得之，传诣单于。单于曰："月氏在吾北，汉何以得往？吾欲使越，汉肯听我乎？"留骞十余岁，予妻，有子，然骞持汉节④不失。

居匈奴西，骞因与其属亡乡月氏，西走数十日至大宛⑤。大宛闻汉之饶财，欲通不得，见骞，喜，问欲何之。骞曰："为汉使月氏而为匈奴所闭道，今亡，唯王使人道送我。诚得至，反汉，汉之赂遗王财物不可胜言。"大宛以为然，遣骞，为发译道，抵康居⑥。康居传致大月氏。大月氏王已为胡所杀，立其夫人为王。既臣大夏⑦而君之，地肥饶，少寇，志安乐，又自以远远汉，殊无报胡之心。骞从月氏至大夏，竟不能得月氏要领。

留岁余，还，并南山，欲从羌中归，复为匈奴所得。留岁余，单于死，国内乱，骞与胡妻及堂邑父⑧俱亡归汉。拜骞太中大夫⑨，堂邑父为奉使君。

骞为人强力，宽大信人，蛮夷爱之。堂邑父胡人，善射，穷急射禽兽给食。初，骞行时百余人，去十三岁，唯二人得还。骞身所至者，大宛、大月氏、大夏、康居，而传闻其旁大国五六，具为天子言其地形，所有。……

（《汉书·张骞传》）

【注释】

①汉中：今陕西汉中东。②建元：汉武帝年号（公元前140—前135年）。③月氏（ròuzhī）：古代西域国名。秦汉时，居住在敦煌与祁连山之间。汉文帝时被匈奴击败，大部分人西迁到今新疆伊犁河上游，称大月氏；少数人进入祁连山，称小月氏。本文中指大月氏。④节：古代使臣所持表明身份的凭证。⑤大宛（yuān）：古代西域国名，东北邻匈奴，西南邻大月氏，盛产名马。⑥康居：古代西域国名，在大宛以西，月氏以北。⑦大夏：中亚细亚古国名，在今阿富汗北部一带，西汉时被大月

氏攻灭。⑧堂邑父：即堂邑氏的姓与甘父之名的合称。⑨太中大夫：掌议论的官员。

【译文】

张骞，汉中人，武帝建元年间任郎官。当时，投降汉朝的匈奴人说，匈奴攻杀了月氏王，用他的头骨做饮器，月氏逃走，怨恨匈奴，但没人与他们共同攻击匈奴。汉朝正想亲手消灭匈奴，闻讯，就想派使臣和月氏联系。因为沿路必须经过匈奴地面，便招募能出使的人。张骞以郎官的身份应募，出使月氏，和堂邑氏的家奴甘父一起从陇西出发。经过匈奴时，匈奴截获了他们，将他们押送到单于那儿。单于说："月氏在我北面，汉朝怎能前往通使？假如我要派人出使南越，汉朝肯让我的使臣通过吗？"于是把张骞扣留了10多年，给他娶妻，并生了儿子，但张骞始终保存着汉朝的使节。

张骞的住地后来迁到了匈奴西部，于是他和随员乘机向月氏逃走，往西走了几十天，到达大宛。大宛王早就听说汉朝财物富饶，想通使却没能办到，见到张骞，很高兴，问他们要去哪儿。张骞说："我们为汉朝出使月氏，然而被匈奴阻截扣留，现在逃出，希望大王派人引路并护送我们。如果能到达月氏，等我们返回汉朝后，汉朝赠送给大王的财物将不可胜数。"大宛王以为然，便送张骞出境，并派译员为向导，到达康居，康居再将他们转送到大月氏。大月氏王已被匈奴所杀，他的夫人被立为王。既已征服大夏，做了大夏的君主，再加土地肥沃富饶，境内少有盗寇，大月氏人都感到满足安乐，且又自以为地

处偏远而疏远汉朝，根本就没有向匈奴报复的意念了。张骞从
月氏到达大夏，竟始终摸不清月氏的真正意图。

张骞在大夏居留了一年多，启程返回，傍着天山南麓行走，
想经过羌人居住的地方回汉朝，不料又被匈奴截获。在匈奴呆
了一年多，碰上单于去世，国内大乱，张骞便带着匈奴妻子和
堂邑父一起逃归汉朝。武帝任命张骞为太中大夫，封堂邑父为
奉使君。

张骞为人坚强有力，待人宽厚守信用，西域人都爱戴他。
堂邑父本是匈奴人，善于射猎，穷困窘迫时，他就射猎禽兽做
为食物。当初，张骞出发时同行有 100 多人，出使 13 年，只有
两人得以归来。

昭君出塞

郅支①既诛，呼韩邪单于且喜且惧，上书言曰：
"常愿谒见天子，诚以郅支在西方，恐其与乌孙俱来击
臣，以故未得至汉。今郅支已伏诛，愿入朝见。"竟
宁②元年，单于复入朝，礼赐如初，加衣服锦帛絮，皆
倍于黄龙③时。单于自言愿婿汉氏以自亲。元帝以后宫
良家子王嫱字昭君赐单于。单于欢喜，上书愿保塞上谷
以西至敦煌，传之无穷，……王昭君号宁胡阏氏④，生
一男伊屠智牙师，为右日逐王。

（《汉书·匈奴传下》）

【注释】

①郅（zhì）支：指郅支单于，呼韩邪（yé）之兄，当时在匈奴东边自立为单于，后被汉所诛。②竟宁：元帝年号，公元前33年。③黄龙：元帝年号，公元前49年—前44年。④阏氏（yānzhī）：汉代匈奴王妻妾的称号。称单于母亲为母阏氏。

【译文】

郅支单于被杀后，呼韩邪单于惊喜交加，上书说："我一直想拜见天子，实在是因为过去郅支单于在西边，只恐他和乌孙国一起来袭击我，所以没能到汉朝来。现在郅支单于已经伏法，我愿到汉朝来朝见。"元帝竟守元年，单于又来朝见，朝廷像以前一样给以礼遇和赏赐，增赐的衣服锦缎帛絮，都比宣帝黄龙年间加倍。单于主动说愿意做汉朝的女婿，以亲近汉朝。元帝把后宫良家女子王嫱字昭君的赐给单于。单于欢喜，上书说愿意守卫上谷以西至敦煌的边塞，世世代代传下去。……王昭君号宁胡阏氏，生了一个儿子名伊屠智牙师，后来成为右日逐王。

法　制

严延年审案

时郡比得不能太守，涿人毕野白等由是废乱。大姓西高氏、东高氏，自郡吏以下皆畏避之，莫敢与牾[1]，咸曰："宁负二千石，无负豪大家。"宾客放为盗贼，发，辄入高氏，吏不敢追。浸浸日多，道路张弓拔刃，然后敢行，其乱如此。延年至，遣掾蠡吾赵绣桉[2]高氏得其死罪。绣见延年新将[3]，心内惧，即为两劾，欲先白其轻者，观延年意怒，乃出其重劾。延年已知其如此矣。赵掾至，果白其轻者，延年索怀中，得重劾，即收送狱。夜入，晨将至市论杀之，先所桉者死，吏皆股弁，更遣吏分考两高，究竟其奸，诛杀各数十人。郡中震恐，道不拾遗。

三岁，迁河南太守，赐黄金二十斤。豪强胁息[4]，野无行盗，威震旁郡。其治务在摧折豪强，扶助贫弱。贫弱虽陷法，曲文以出之；其豪桀侵小民者，以文内之。众人所谓当死者，一朝出之；所谓当生者，诡杀之。吏民莫能测其意深浅，战栗不敢犯禁。桉其狱，皆文致不可得反。

延年为人短小精悍，敏捷于事，虽子贡、冉有⑤通艺于政事，不能绝也。吏忠节者，厚遇之如骨肉，皆亲乡之，出身不顾，以是治下无隐情。然疾恶泰⑥甚，中伤者多，尤巧为狱文，善史书⑦，所欲诛杀，奏成于手，中主簿亲近史不得闻知。奏可论成，奄忽如神。冬月，传属县囚，会论府上，流血数里，河南号为"屠伯⑧"。令行禁止，郡中正⑨清。

（《汉书·酷吏传》）

【注释】

①牾（wǔ）：同"忤"，违逆，抵触。②桉：同"案"，查究，查考。③新将：新为郡将。称郡守为郡将，是因郡守也兼掌兵权。④胁息：胁，收敛。息，气息。⑤子贡、冉有：孔子的学生，都做过官。冉有，即"冉求"。⑥泰：通"太"。⑦史书：指汉代通行的隶书。⑧伯：魁首。⑨正：通"政"。政事。

【译文】

那时，接连派到涿郡去的太守都无能，涿郡人毕野白等因此得以横行不法。而豪强大族西高氏和东高氏，更是连郡府的官吏都畏避他们，不敢顶撞他们，都说："宁可得罪太守，不能得罪豪门。"两家的门客在外放肆地偷盗抢劫，案发了，就躲进主家，官吏不敢追捕。这样，日久，行人都要张弓拔刀才敢在路上行走，郡中盗贼作乱，竟到这等程度。严延年到任后，即派郡府的属官蠡吾人赵绣去调查高家的罪行，核定他们犯有死罪。赵绣见严延年是新来的郡将，心中惧怕，就起草了两份劾罪书，准备先禀告那轻的，如果严延年发怒，就把那份重的劾罪书拿出来。严延年早已知道他的这种做法。赵绣来了，果然禀告那份轻的。严延年在赵绣怀里搜出了那份重罪检举书，立刻将他送进了监狱。头天夜里入狱，第二天早晨就被押赴市中定罪斩首，死在他所查究的高氏之前，吓得官吏们都两腿发抖。严延年再派人分头查究两个高家，彻底追查他们的罪恶，每家诛杀几十人。郡中民众大为震惊害怕，从此境内路不拾遗。

三年后，严延年调任河南太守，赏赐黄金 20 斤。河南郡中豪强都收敛自己的行为，郊野也没有行劫的盗贼，严延年的声威震动了邻近几郡。他治理地方的要旨是摧抑制服豪强，扶助贫弱。贫弱者犯法，也要回护掩饰以解脱他们；对那些欺压百姓的豪强，他就加重案文辞语把他们抓进监狱。大家认为一定会被处死的犯人，不定什么时候就被释放出狱，而那些被认为没有犯死罪的，严延年却又出乎意料地将他杀死。官吏和百姓都猜不到严延年什么时候执法严厉，什么时候宽松，都十分惶恐，不敢触法犯禁。而核查严延年所处理的案件，又都文案缜密，无可翻改。

严延年身材短小，精明能干，办事灵活迅速，虽然子贡、冉有精通政务，但也未必能超过他。郡府官员忠诚奉公的，严延年待他们就优厚如自家人，并亲近、一心向着他们，居官办事不顾个人得失，因此在他管辖的区域之内没有他不知道的事。但严延年疾恶如仇太过，被伤害的人很多，尤其是他善于写狱辞，又善于写官府文书，想杀某人，就亲手写成奏折，连掌管文书的中主簿，以及最接近他的属吏，都无从得知。奏准判定一个人的死罪，迅速得就像神明。冬天行刑时，严延年命令所属各县把囚犯解送来郡。集中在郡府判处死刑，血流数里，河南郡的人因此称严延年为"屠伯"。在他管辖的地域内，有令则行，有禁则止，一郡之内政治清明。

不敢窥长安

永始①、元延②间，上怠于政，贵戚骄恣，红阳长仲兄弟交通轻侠，藏匿亡命。而北地大豪浩商等报怨，杀义渠长③妻子六人，往来长安中。丞相御史遣掾求逐党与，诏书召捕，久之乃得。长安中奸滑浸多，闾里少年群辈杀吏，受赇报仇，相与探丸为弹，得赤丸者斫武吏，得黑丸者斫文吏，白者主治丧；城中薄暮尘起，剽劫行者，死伤横道，枹④鼓不绝。赏以三辅高第选守长安令⑤，得壹切便宜从事。赏至，修治长安狱，穿地方深各数丈，致令辟为郭，以大石覆其口，名曰"虎穴"。乃部户曹掾史，与乡吏、亭长、里正、父老、伍人⑥，杂举长安中轻薄少年恶子，无市籍商贩作务，而鲜衣凶服被铠扞⑦持刀兵者，悉籍记之，得数百人。赏一朝会长安吏，车数百两⑧，分行收捕，皆劾以为通行饮食群盗。赏亲阅，见十置一，其余尽以次内⑨虎穴中，百人为辈，覆以大石。数日壹发视，皆相枕藉死，便舆出，瘗寺门桓东，楬著其姓名，百日后，乃令死者家各自发取其尸。亲属号哭，道路皆歔欷。长安中歌之曰："安所求子死？桓东少年场。生时谅不谨，枯骨后何葬？"赏所置皆其魁宿，或故吏善家子失计随轻黠愿自改者，财⑩数十百人，皆贳⑪其罪，诡令立功以自赎。尽力有效者，因亲用之为爪牙，追捕甚精，甘耆⑫奸恶，甚于凡吏。赏视事数月，盗贼止，郡国亡命散走，各归其处，不敢窥长安。

（《汉书·酷吏传》）

【注释】

①永始：成帝年号。②元延：成帝年号。③长：比县低一级的行政机构的长官。④枹：通"桴（fú）"，鼓槌。⑤"赏以"句：赏，尹赏，成帝时著名酷吏。三辅，西汉以京兆、冯翊、扶风为三辅。⑥伍人：汉制五家为伍。⑦扞：通"捍"。⑧两：通"辆"。⑨内：通"纳"。⑩财：通"才"。⑪贳（shì）：赦

免。⑫耆：同"嗜"。

【译文】

成帝永始、元延年间，皇帝疏于政事，显贵与外戚骄横不法，为所欲为，红阳人长仲兄弟交结游侠，藏匿逃犯。而北地大豪强浩商等人为了报怨，杀了义渠长的妻子和儿女共六人，公然往来长安城中。丞相御史派属官追捕他们的同党，甚至以皇帝的名义下诏书缉拿，也过了很久才捕获。长安城中奸滑之徒日渐增多，市井间少年结为团伙杀害官吏以接受贿赂或报私仇。少年们共同制作弹丸来探取，摸到红丸的杀武官，摸得黑丸的杀文官，摸到白丸的为死去的同伴办理丧事。城中每到晚间，便有盗贼抢劫行人，路上常有死伤者，劫案频繁有如鼓点不绝。尹赏以出身于三辅地区高门大第的身份，选拔为长安令，可以依据情势处理一切事情。尹赏到任，即刻修缮整理长安监狱，在地上挖坑，每个坑长宽与深度都有几丈，四壁以砖瓦砌好，用巨石覆盖坑口，起名叫"虎穴"。于是率领属官，召集乡吏、亭长、里正、父老、伍人，指出长安城中轻薄无行的少年和不听父母教诲的恶子，以及没有长安户口的商贩，衣饰华丽或身披铠甲而带刀佩剑的，都登记下来，共有几百人。尹赏于一天早上召集长安官吏，乘数百辆车，分头按名册收捕，都加上勾结接济盗贼的罪名。尹赏亲自检视犯人，每十人里放出一人，其余的都一个接一个地推入虎穴中，每一百人推入一个坑中，盖上巨石。几天后打开检查，都重叠而死，便用车拖出，埋在寺门桓的东面，标明死者姓名，百天以后，才让死者家属各自掘取尸首。家属号哭。行人都叹息流泪。长安城中歌谣传唱说："到哪儿寻找孩子的尸首？去那桓东少年的坟地。他们活着时行为不谨，死后连好的葬地都没有！"尹赏释放的都是那些为首的和旧案累累的人，或者是从前下属和好人家子弟、因为一时失去主见被诱惑犯罪、愿意改正的，只有数十人，不超过一百。尹赏都赦免了他们，责令他们立功赎罪。凡是尽心效力有成就的，就收用为心腹属下，这些人追捕犯人十分精明，对奸恶之徒的憎恨超过了一般官吏。尹赏上任没有几个月，盗贼便销声匿迹了，郡国亡命之徒四散奔逃，各回本地，不敢再对长安有非份之想。

真假太子

始元五年，有一男子乘黄犊车，建黄旐①，衣黄襜褕②，著黄冒③，诣北阙，自谓卫太子④。公车⑤以闻，诏使公卿将军中二千石杂识视。长安中吏民聚观者数万人。右将军勒兵阙下，以备非常。丞相、御史中丞、中二千至者并莫敢发言，京兆尹不疑⑥后到，叱从吏收缚。或曰："是非未可知，且安之。"不疑曰："诸君何患于卫太子！昔蒯聩违命出奔，辄距而不纳，《春秋》是之。卫太子得罪先帝，亡不即死，今来自诣，此罪人也。"遂送诏狱。……廷尉验治何人，竟得奸诈。本夏阳⑦人，姓成名方遂，居湖，以卜筮为事。有故太子舍人⑧尝从方遂卜，谓曰："子状貌甚似卫太子。"方遂心利其言，几得以富贵即诈自称诣阙。

（《汉书·隽不疑传》）

【注释】

①旐（zhào）：旗子。②襜褕（chān yú）：一种短的便衣，即直裾禅衣。③冒：下裙。④卫太子：即戾太子，因母家姓卫，以"卫"称之。⑤公车：负责接受并传递奏章的机构。⑥不疑：即隽不疑，善治《春秋》，武、昭二帝时能吏。⑦夏（jiǎ）阳：治所在今陕西韩城南。⑧舍人：侍从官。

【译文】

昭帝始元五年，一男子乘坐黄牛车，车上插黄旗，穿着黄色宽大的单衣和黄色的下裙，来到皇宫北门，自称是汉武帝时的卫太子。公车上报此时给皇帝，皇帝命令公、卿、将军和中二千石的官吏都来辨认。长安城中的下级官吏和百姓聚集来观看的有数万人。右将军统率军队守在宫门外，以防备变故。丞相、御史、中二千石的官吏来到的都不敢发言。京兆尹隽不疑后到，大声命令随行属吏将自称卫太子的人绑起来。有人说："真假都不知道，且由他去吧。"隽不疑说："各位何必惧怕卫太子！春秋时卫国太子蒯聩违背父命逃出卫国，当他回来时他的儿子蒯辄（卫出公）拒不接纳，《春秋》肯定了这种做法。

卫太子对先帝犯下罪，不肯服死而逃亡在外，现在自行前来，这是个罪人啊！"于是把他押送到朝廷的监狱。……廷尉审讯他终于弄清其缘委。他原是夏阳人，姓成名叫方遂，住在湖县，以占卜算卦为业。曾有原太子舍人到他那儿占卦，对他说："你的相貌很像卫太子。"成方遂听后认为有利可图，希望能因此得到富贵，于是就假称自己是卫太子，来到宫门。

军　事

穷寇莫追

充国引兵至先零在所①。虏久屯聚，解②弛，望见大军，弃车重，欲渡湟水③，道隘狭，充国徐行驱之。或曰逐利行迟，充国曰："此穷寇不可迫也。缓之则走不顾，急之则还致死。"诸校④皆曰："善。"虏赴水溺死者数百，降及斩首五百余人，卤马牛羊十万余头，车四千余辆。

（《汉书·赵充国传》）

【注释】

①"充国"句：充国，即赵充国，西汉著名大将，在武、昭、宣三帝时，先后率军反击匈奴攻扰，平定羌贵族叛乱，平羌时首开"寓兵于农"的屯田制度。②解：通"懈"。③湟水：黄河上游支流，以北是汉地。④校：古代军队编制单位，汉武帝设八校，每校少者七百人，多者一千二百人，军官为校尉。

【译文】

赵充国率领大军到达首叛的先零羌的驻地。先零羌族的官兵由于聚集时间太长，意志松弛，望见汉朝大军，纷纷丢弃车辆辎重奔逃，打算渡过湟水回去，前行道路狭窄，赵充国就率部慢慢地追赶羌人。有人说，要消灭敌人，我们的行动太慢了，赵充国说："这是处于绝境的敌人，不能追得太急。我们慢慢追赶，他们就会一味奔逃，追得急了，就会回过头来和我们决一死战。"各校的军官们都说："对呀！"羌虏逃窜中，挤入水里淹死的有几百人，投降和被杀的500多人，掠回马牛羊10余万头，车马4000余辆。

李陵无援降匈奴

陵①……将其步卒五千人，出居延②，北行三十日，至浚稽山③，……与单于相值，骑可三万，围陵军。军居两山间，以大车为营，陵引士兵出营外为阵，前行持戟盾，后行持弓弩，令曰："闻鼓声而纵，闻金声而止。"虏见汉军少，直前就营。陵搏战攻之，千弩俱发，应弦而倒，虏还走上山，汉军追击，杀数千人。单于大惊，召左右地兵八万余骑攻陵。陵且战且引南，行数日，抵山谷中。连战，士卒中矢伤，三创者载辇，两创者将车，一创者持兵战。……行四五日，抵大泽葭苇中，虏从上风纵火，陵亦令军中纵火以自救。南行至山下，单于在南山上，使其子将骑击陵。陵军步斗树木间，复杀数千人，因发连弩④射单于，单于下走。是日捕得虏，言："单于曰：'此汉精兵，击之不能下，日夜引吾南近塞，得毋有伏兵乎?'诸当户、君长⑤皆言：'单于自将数万骑击汉数千人，不能灭，后无以复使边臣，令汉益轻匈奴。复力战山谷间，尚四五十里得平地，不能破，乃还。'"是时陵军益急，匈奴骑多，战一日数十合，复杀伤虏二千余人。虏不利，欲去。会陵军侯管敢为校尉所辱，亡降匈奴，具言陵军无后救，射矢且尽，独将军麾下及成安侯校各八百人，为前行，以黄与白为帜，当使精骑射之，即破矣。……单于得敢大喜，使骑立攻汉军，疾呼曰："李陵韩延年趣降!"遂遮道急攻陵。陵居谷中，虏在山上，四面射矢如雨下。汉军南行，……一日五十万矢皆尽，即弃车去，士尚三千余人，徒斩车辐而持之，军吏持尺刀。……入峡谷，单于遮其后，乘隅下垒石，士卒多死，不得行。昏后，陵便衣独步出营，止左右："毋随我，丈夫一取单于耳。"良久，陵还，太息曰："兵败死矣。"军吏或曰："将军威震匈奴，天命不遂，后求道径还归，如浞野侯⑥为虏所得，后亡还，天子客遇之，况于将军乎!"陵曰："公止! 吾不死，非壮士也!"于是尽斩旌旗，及珍宝埋地中。陵叹曰："复得数十矢，足以脱矣。今无兵复战，天明坐受缚矣，各鸟兽散，犹有得脱归报天子者。"令军士人持二升粮，一半冰，……夜半时，击鼓起士，鼓不鸣，陵与韩延年俱上马，壮士从者十余人，虏骑数千追之。韩延年战死。陵曰："无面目报陛下。"遂降。军人分散脱至塞者，四百余人。……群臣皆罪陵。上以问太史令司马迁。迁盛言："陵事亲孝，与士信，常奋不顾身，以殉国家之急，……有国士之风。……且陵提步卒不满五千，深入戎马之地，抑数万之师，虏救死扶伤不暇，悉举引弓之民，共攻围之，转斗千里，矢尽道穷，士张空弓，冒白刃，北首争死敌。得人之死力，虽古之名将不过也。身虽陷败，然其所摧败，亦足暴于天下。彼之不死，宜欲得当以报汉也。"……上以迁诬罔欲沮贰师⑦为陵游说，下迁腐刑。久上，上悔陵无救，……乃遣使劳赐陵余军得脱者。陵在匈奴岁余，上遣因酐杆将军公孙敖⑧将兵深入匈奴，迎陵。敖军无功还，曰："捕得生口，言李陵教单于为兵以备汉军，故臣无所得。"上闻，于是族陵家，……陇西士大夫以李氏为愧。其后汉遣使使匈奴，陵谓使者曰："吾为汉将步卒五千人，横行匈奴，以亡救而败，何负于汉，而诛吾家？"使者曰："汉闻李少卿教匈奴为兵。"陵曰："乃李绪⑨，非我也。"……陵痛恨其家以李绪而诛，使人刺杀绪。大阏氏⑩欲杀陵，单于匿之北方。大阏氏死，乃还。单于壮陵，以女妻之，立为右校王。……昭帝立，大将军霍光、左将军上官桀辅政，素与陵善，遣陵故人陇西任立政等三人，俱至匈奴招陵。……陵曰："丈夫不能再辱。"陵在匈奴二十余年，元平元年病死。

（《汉书·李陵传》）

【注释】

①陵：即李陵，字少卿，陇西郡名将李广之孙。②居延：汉县名，在今甘肃酒泉。③浚稽山：在今蒙古喀尔喀境内。④连弩：将两张弓并在一起，以加强弓力延长射程。⑤当户、君长：都是匈奴官名。⑥浞野侯：名赵破奴，九原人，武帝时为骠骑将军司马，后为匈河将军，因击楼兰有功，封浞野侯。⑦贰师：名李广利，武帝所宠爱的李夫人的哥哥，武帝遣其伐大宛，因大宛境内有贰师城，故号为贰师将军。无功而还。后因其兄李延年犯罪被诛，害怕连坐而降匈奴。⑧公孙敖：义渠人，景帝时任郎官，武帝时为骑将，出击匈奴，因部属逃亡太多，当斩，逃隐民间五六年，后被发现，入狱，因其妻卷入巫蛊案而被杀。⑨李绪：原任塞外都尉，居住在奚侯城，匈奴攻城时投降。⑩大阏氏（yān zhī）：单于的母亲。

【译文】

李陵……率领步兵5000人，从居延郡出发，向北行军30

天，到达浚稽山，……和匈奴单于相遇，匈奴骑兵大约 3 万人，围住李陵的军队。李陵的军队驻扎于两山之间，以大车为营，李陵带领士兵在营外结阵，前面的拿着戟和盾，后面的拿着弓和箭。李陵下令说："听到鼓声出战，听到锣声撤退。"匈奴看到汉军人数少，径直逼到营前。李陵下令攻击，千弩俱发，匈奴人应弦而倒，其他的退向山上，汉军追击，斩杀了数千人。单于大为震惊，召集附近兵力 8 万余骑一同进攻李陵。李陵且战且退，向南边走了几天，到达一个山谷中，连续作战，士兵大多中了箭伤，受伤三次的载在车上，受伤两次的管理车辆，受伤一次的仍拿着武器作战。……走了四、五天，到了一个大湖的芦苇丛中，匈奴人在上风放火，李陵便也下令士兵放火，烧掉附近的草木，使匈奴人放的火无法延及自己。再向南行到了一座山下，单于在南山上，派他的儿子带领骑兵攻击李陵，李陵的军队徒步与他们在树林中格斗，又杀死匈奴几千人，趁胜发连弩射单于，单于向山下逃避。这一天捕得的匈奴人说："单于说道：'这是汉朝的精兵，攻打他不能取胜，日夜引我们向南接近边塞，难道有伏兵？'各位当户、君长都说：'单于你亲自带领数万骑兵，攻击汉军几千人，却不能消灭掉他们，后来再怎么驱使边臣呢？这分明是让汉朝更加轻视匈奴。只可再尽力战于山谷之中。若再走四五十里路，到了平地，仍不能攻破他，才可引兵回去。"当时李陵军中越发危急，匈奴骑兵很多，一天作战几十次，又杀伤匈奴两千多人，匈奴认为形势于己不利，打算退兵，恰逢李陵麾下的哨探管敢被校尉羞辱，逃降到匈奴军中，详细地陈述说："李陵军没有后援，箭将要用完了，只有将军麾下和成安侯韩延年军校各800人，在前为先锋，用黄旗白旗为记认，应当派精骑去射他们，立刻就可以攻破。"……单于得了管敢。非常高兴，马上派骑兵去攻打汉军，大呼道："李陵、韩延年快快投降！"于是阻住去路加紧攻击。李陵所部在山谷中，匈奴人在山上，四面箭如雨下，汉军向南退。……一天之内，50万枝箭都射尽了，就抛掉车辆行军，士兵还有3000多人，都空手握了斩断的车轮直木作为武器，军吏才有短刀。……进入一个峡谷中，单于抄袭他们的后路，顺了山势滚下石块，士卒很多都被砸死，不能前行，只有就地扎营。夜里，李陵便衣出营，制止左右人说："不要随着我，大丈夫当一身独取单于！"过了许久，李陵回来，叹息说："兵已败，只有死了！"军吏有的说："将军威震匈奴，失败是因为天意，不要死，以后可以寻路回去，像以前泿野侯被匈奴擒获，后来逃归，天子尚且以宾礼待他，何况将军你呢！"李陵说："你不要说了！我李陵若不死，便不是壮士！"于是将旗帜全都斩断，连同珍宝埋藏在地下。李陵叹息说："如果每人还有几十枝箭，就可以脱身了。可惜如今没有兵器作战，等到天亮，只有坐而受缚了。你们各自逃生，作鸟兽散，或者还有人能逃脱，得以归报天子。"于是命令军吏士卒每人带二升干粮，一大块冰，……半夜时分，准备击鼓起兵，鼓却不响，李陵和韩延年便都上马，壮士跟从他们的有十多人，匈奴数千骑在后追击。韩延年战死。李陵说："我没有面目回报陛下了！"于是投降。军人分散逃脱到边塞的，有 400 余人。……大臣们都归罪于李陵。武帝以这事问太史令司马迁。司马迁极力辩护说道："李陵孝顺父亲，与士人交往又有信义，常奋不顾身，以赴国家的急难，……有国士的气概。……况且李陵带领不满 5000 步兵，深入北方，抵挡敌人数万军队，匈奴救死扶伤的应接不暇，尽起可以征战之民，一同来围攻他，转战千里，箭尽路绝，士兵们还张起空弩，冒着白刃，北向争先和敌人死战。能得许多人为之尽死效力，就是古代的名将也不过如此。自身虽失败而陷于敌中，但是他所杀死击伤的匈奴军士，也足以向天下表白自己了。李陵之所以不死，应当是想将来立功赎罪，报答汉室的恩德吧。"……武帝认为司马迁信口胡说，是想压低一同出兵而无功劳的贰师将军，为李陵游说辩护，便给司马迁施以腐刑。过了很久，武帝后悔当初李陵没有救兵，……便派人犒劳赏赐李陵军中逃回来的人。李陵在匈奴呆了一年多后，武帝派因酵杆将军公孙敖带兵深入匈奴境内，迎接李陵。公孙敖之军无功而还，说："捕获俘虏，说李陵教单于练兵来防备汉军，所以我没有战功。"武帝听说了，便族灭李陵全家。……陇西郡的士大夫自此以李氏为愧。后来汉朝派使者出使匈奴，李陵对使者说："我为汉朝带领步兵 5000 人，横行匈奴，因为没有救兵而兵败，有什么对不起汉室的地方，竟诛灭我全家？"使者说："汉朝听说李少卿教匈奴练兵。"李陵说："那是李绪，不是我。"……李陵痛恨自己全家因李绪而被杀，派人刺杀了李绪。大阏氏要处死李陵，单于将他藏到北方去。大阏氏死后，才回来。单于认为李陵是壮士，将女儿嫁给他，封他为右校王。……昭帝册立，大将军霍光、左将军上官桀辅政，他们两人一向与李陵友好，便派李陵旧时好友陇西人任立政等3人，一同到匈奴召李陵回来。……李陵说："大丈夫不能再受羞辱了。"李陵在匈奴呆了20多年，元平元年因病而死。

理　财

卜式分财

卜式，河南①人也。以田畜为事，有少弟。弟壮，式脱身出，独取畜羊百余，田宅财物尽与弟。式入山牧，十余年，羊致千余头，买田宅。而弟尽破其产，式辄复分与弟者数矣。

时汉方事匈奴，式上书，愿输家财半助边。上使使问式："欲为官乎？"式曰："自小牧羊，不习仕宦，不愿也。"使者曰："家岂有冤，欲言事乎？"式曰："臣生与人亡所争，邑人贫者贷之，不善者教之，所居，人皆从式，式何故见冤！"使者曰："苟，子何欲？"式曰："天子诛匈奴，愚以为贤者宜死节，有财者宜输之，如此而匈奴可灭也。"使者以闻。上以语丞相弘。弘曰："此非人情。不轨之臣不可以为化而乱法，愿陛下勿许。"上不报，数岁②乃罢式。式归，复田牧。

岁余，会浑邪等降，县官费众，仓府空，平民大徙，皆仰给县官，无以尽赡。式复执钱二十万与河南③太守，以给徙民。河南上富人助贫民者，上识式姓名，曰："是固前欲输其家半财助边。"乃赐式外徭④四百人，式又尽复与官。是时富豪皆争匿财，唯式欲助费。上于是以式终长者，乃召拜式为中郎，赐爵左庶长，田十顷，布告天下，尊显以风⑤百姓。

（《汉书·卜式传》）

【注释】

①河南：西汉县名，今河南洛阳市辖内。②数岁：此处指过了很长时间。③河南：此处指河南郡，治所在今洛阳市东北。④外徭：指戍边。古时役使百姓戍守边境，一人出300钱，由官方雇人代役，叫过更。赐卜式外徭400，意即使卜式一年得1.2万钱。⑤风（feng）：用含蓄的话语来劝告。

【译文】

河南人卜式，以种田放牧为职业，双亲死后抚养一个小弟弟。弟弟长大后，卜式就和弟弟分家，自己只要了100多头羊，田地住宅和其他财物统统留给弟弟。卜式进山放羊十多年，羊繁殖到1000多头，买了田地和住宅，而他的弟弟却彻底破产了，卜式就又分给他许多东西。

这时汉朝正在对匈奴作战，卜式向武帝上书，愿意捐献自己家财的半数，以供边防战争之用。武帝于是派使者去问他：

"你是想做官吗?"卜式回答说:"我自小牧羊,不懂做官,不愿。"使者又问:"家里难道有什么冤情,想申诉解决吗?"卜式回答说:"我一生与人没有纷争,对同县的人,家贫的就借给他财物,不学好的就劝他改邪归正,住地周围的人都乐意听从我,我哪有什么冤屈!"使者又问:"既然如此,你究竟需要什么呢?"卜式说:"如今皇上正在讨伐匈奴,我认为有才德的人应当为了边境的安全去守节义而死,有钱财的人应当慷慨捐献以供边防之用,如此一来,匈奴就能被彻底打败不再侵扰了。"使者将他的话报告武帝,武帝又将这些话告诉丞相公孙弘。公孙弘说:"这不合乎人之常情。不遵守仁义规范的人,不能让他捐献布施,以免乱了法度。希望陛下不要允许。"因此武帝没有答复卜式,过了很久,打发了卜式。卜式回家后仍旧种田牧羊。

　　一年后,正逢匈奴所属的浑邪王等投降,朝廷消耗了大量的财物,粮仓府库空虚,而贫民大量迁移,都需要官府救济供给,官府无力供养。这时卜式又拿出20万钱给河南太守,用以供养移民。河南郡向朝廷呈送救济穷人的富人名单,武帝看到卜式的姓名,就知道他,说:"这就是本要献纳一半家财助边的人啊!"因此赏赐他外徭400人,卜式将这些外徭又统统交给了官府。当时,富豪之家都争相隐藏财产,只有卜式乐意捐献家资以供国家之用。武帝因此认为卜式终究是为善之人,并非虚伪之徒,就召见他,授职中郎,赐爵左庶长,赐田10顷,并布告天下,对他推崇显扬,借此以劝告百姓。

渤海人卖剑买牛

宣帝①即位，久之，渤海②左右郡岁饥，盗贼并起，二千石不能禽制③。上选能治者，丞相御史举遂可用④，上以为渤海太守。时遂年七十余，召见，形貌短小，宣帝望见，不副所闻，心内轻焉。谓遂曰："渤海废乱，朕甚忧之。君欲何以息其盗贼，以称朕意？"遂对曰："海濒⑤遐远，不沾圣化，其民困于饥寒而吏不恤，故使陛下赤子盗弄陛下之兵于潢池中耳⑥。今欲使臣胜之耶，将安之也？"上闻遂对，甚说⑦，答曰："选用贤良，固欲安之也。"遂曰："臣闻治乱民犹治乱绳，不可急也；唯缓之，然后可治。臣愿丞相御史且无拘臣以文法，得一切便宜从事。"上许焉，加赐黄金赠遣。乘传⑧至渤海界，郡闻新太守至，发兵以迎，遂皆遣还。移书敕属县："悉罢逐捕盗贼吏，诸持锄钩田器者皆为良民，吏无得问，持兵者乃为盗贼。"遂单车独行至府，郡中翕然⑨，盗贼亦皆罢。渤海又多劫略相随，闻遂教令，即时解散，弃其兵弩而持钩锄，盗贼于是悉平，民安土乐业。遂乃开仓廪⑩假贫民，选用良吏，尉安⑪牧养焉。

遂见齐⑫俗奢侈，好末技，不田作，乃躬率以俭约，劝民务农桑，令口种一树榆⑬、百本薤⑭、五十本葱、一畦韭，家二母彘⑮、五鸡。民有带持刀剑者，使卖剑买牛，卖刀买犊⑯，曰："何为带牛佩犊！"春夏不得不趋田亩，秋冬课收敛，益蓄果实菱芡⑰。劳来循行，郡中皆有畜积，吏民皆富实。狱讼止息。

数年，上遣使者征遂，议曹⑱王生愿从。功曹以为王生素耆酒⑲，亡⑳节度，不可使。遂不忍逆，从至京师。王生日饮酒，不视太守。会遂引入宫，王生醉，从后呼，曰："明府㉑且止，愿有所白。"遂还问其故，王生曰："天子即问君何以治渤海，君不可有所陈对，宜曰：'皆圣主之德，非小臣之力也。'"遂受其言。既至前，上果问以治状，遂对如王生言。天子说其有让，笑曰："君安得长者之言而称之！"遂因前曰："臣非知此，乃臣议曹教戒臣也。"上以遂年老不任公卿，拜为水衡都尉，议曹王生为水衡丞，以褒显遂云。水衡典上林禁苑㉒，共张㉓宫馆，为宗庙取牲㉔，官职亲近，上甚重之，以官寿卒。

（《汉书·循吏传》）

【注释】

①宣帝：刘询，公元前73—前49年在位。②渤海：汉郡，治所在今河北省沧州市东南。③"二千"句：二千石（dàn），

指官俸每月为两千石（120斛）的官吏，一般代称太守。禽，通"擒"。④"丞相"句：御史，即御史大夫，最高监察长官。遂，即龚遂，昭、宣二帝时名臣。⑤濒：即"滨"，水边。⑥"故使"句：赤子，婴儿，代指百姓。潢（huáng）池，积水的池塘。⑦说：通"悦"。⑧传（zhuàn）：传车，古代驿站专用车。⑨翕（xì）然：协和一致的样子。⑩廪（lǐn）：粮仓。⑪尉安：安慰。⑫齐：今山东省泰山以北黄河流域及胶东半岛地区。⑬"令口"句：口，每口人。榆，榆树，皮和叶荒年可充饥。⑭薤（xiè）：形似韭菜。⑮彘（zhì）：猪。⑯犊（dú）：小牛。⑰芡（cí）：芡实，又名鸡头米。⑱议曹：太守的属吏。⑲"功曹"句：功曹，太守的重要助手，掌管人事，并过问一郡政务。耆，通"嗜"。⑳亡：通"无"。㉑明府：对太守的尊称。㉒上林禁苑：在今陕西省长安县西及周至、鄠（hù）县界，是皇帝游猎的场所。㉓共张：陈设。共，同"供"。㉔"为宗"句：宗庙，古代国君或士大夫祭祀祖宗的处所。牲，供祭祀用的家畜。

【译文】

宣帝即位，几年后，渤海周围郡县灾荒，盗贼四起，太守制服不了。宣帝想用一位能治理渤海的人，丞相和御史举荐龚遂可用，宣帝便任命他为渤海太守。当时龚遂已70多岁，宣帝召见时，见他形貌矮下，与自己听到的不相符合，心里有点轻视他，问他说："渤海法纪废驰饥民作乱，我十分担忧。您打算用什么方法平息郡中盗贼，让我放心呢？"龚遂回答说："渤海郡远在海边，没能受到圣朝的教化感染，郡中百姓饥寒交迫，而地方官又不加体惜，因此逼得皇上的子民盗了皇上的兵器在池塘中戏耍罢了。如今是要我去镇压他们，还是去安抚他们?"宣帝听了龚遂的回答，非常高兴，说："选用贤良，本就为了安抚百姓。"龚遂说："我听说治乱民就像理乱绳一样，是不能操之过急的。只有慢慢来，然后才能治理。我请求丞相和御史暂且不要用一般的法令条文来约束我，让我按照实际情况自行处理。"宣帝同意了，额外赏赐黄金，派他赴任。龚遂乘坐驿车到达渤海边界，郡中听说新太守到了，派兵前往迎接。龚遂叫军队全都回去，发出公文指示所属各县："全部撤回追捕盗贼的官吏，凡是拿锄头镰刀等农具的都算良民，官吏不得追究；拿兵器的才算盗贼。"然后单独一人乘车到府，郡中一致拥护，成群结队的饥民也都纷纷解散。渤海还有不少结伙打劫和拦路抢劫的人，听了龚遂的教诫和命令，都即时解散，扔掉兵器拿起了镰锄。盗贼因此全部平息，百姓得以安居乐业。龚遂因此开仓救济贫民，选用清廉的官吏，安抚治理百姓。

龚遂见渤海风俗奢侈，喜欢从事工商业，轻视农耕，便亲自带头节俭，劝导百姓务农种桑，叫每人种一棵榆树、百棵薤菜、一畦韭菜，每家养两只母猪、5只鸡。见到百姓有带刀佩剑的，就要他们卖剑买牛，卖刀买犊，说："为何要把牛和犊佩在身上?"春夏两季还得劝百姓到田野耕作，秋冬督促他们收割，又让百姓多储果实、菱角、芡实之类。由于龚遂的巡视劝勉，郡中人都有积蓄，官吏和百姓都殷实厚富。诉讼案件也没有了。

几年之后，宣帝派使者召回龚遂，议曹王生请求同去。功曹认为王生一向嗜酒，没有节制，不可让他跟去。可龚遂不忍拒绝，就让他跟从到京城。到了京城后，王生天天酗酒，从不去看望龚遂。一天，龚遂应召入宫，王生正喝得醉醺醺的，跟在后面大声叫道："明府暂且停一下，我有几句话要说。"龚遂返身问他缘由，他说："天子倘若问您怎样治理渤海，您千万不可多说，只宜回答：'全凭圣上的威德，不是我有什么能力。'"龚遂听从了他的建议。到了皇帝跟前，宣帝果然问起治理渤海的情形，他便按王生的话回答了。宣帝高兴他谦让有礼，笑着说："您从哪儿得来这种忠厚长者的话？"龚遂乘机上前一步说："我并不知道应该这么说，是我的议曹告诫我的。"宣帝由于龚遂年老，不能担任公卿重职，就拜他为水衡都尉，议曹王生任水衡丞，以表示对龚遂的褒奖和尊重。水衡都尉掌管上林苑，负责宫庭馆院的陈设，为宗庙祭祀提供牲畜，是亲近天子的官职，宣帝非常看重他，他最后在任上寿终。

德　操

扬雄的品性与才德

　　扬雄字子云，蜀郡成都人也。……雄少而好学，不为章句，训诂①通而已，博览无所不见。为人简易佚荡，口吃不能剧谈，默而好深湛之思，清静亡②为，少耆③欲，不汲汲于富贵，不戚戚于贫贱，不修廉隅以徼④名当世。家产不过十金，乏无儋⑤石之储，晏如也。自有大度。非圣哲之书不好也；非其意，虽富贵不事也。

（《汉书·扬雄传》）

【注释】

　　①训诂（gǔ）：用通行的话解释古代语言文字或方言字义。②亡：通"无"。③耆：同"嗜"。④徼（jiǎo）：求。⑤儋：同"单"。

【译文】

　　扬雄字子云，蜀郡成都人。……扬雄自幼好学，读书不沉溺于分章断句的枝节，只求弄通文字把握大意而已，博览群书，无所不读。为人随意舒缓，口吃不能快速说话，因而静默喜欢深思，清静无为，嗜好和欲望少，不奔忙于富贵，不忧患于贫穷，不有意于声名。虽然家中产业不超过十金，贫困得缸里存粮不到一石，却安然自若。胸怀大志，不是圣贤哲人的书就不喜欢读；不合自己心意，即使是富贵的人也不侍奉。

前有召父　后有杜母

召信臣字翁卿，九江寿春①人也。以明经甲科②为郎③，……迁南阳太守。……

信臣为人勤力有方略，好为民兴利，务在富之。躬劝耕农，出入阡陌，止舍离乡亭④，稀有安居时。行视郡中水泉，开通沟渎⑤，起水门提阏凡数十处，以广溉灌，岁岁增加，多至三万顷⑥。民得其利，畜积有余。信臣为民作均水约束，刻石立于田畔，以防分争。禁止嫁娶送终奢靡，务出于俭约。府县吏家子弟好游敖⑦，不以田作为事，辄斥罢之，甚者案⑧其不法，以视好恶。其化大行，郡中莫不耕稼力田，百姓归之，户口增倍，盗贼狱讼衰止。吏民亲爱信臣，号之曰召父⑨。

（《汉书·循吏传》）

【注释】

①寿春：今安徽寿县。②明经甲科：汉代以明经考试取人，

220

甲科是最高科目。③郎，郎官，皇帝的侍从。④乡亭：汉时基层行政机构，长官为亭长。⑤沟渎（dú）：田间水渠。⑥顷（qǐng）：一顷为百亩。⑦游敖：游玩嬉戏。⑧案：案问；审查。⑨召父：尊爱的称号。西汉召信臣和东汉杜诗，先后任南阳太守，政绩显著，民间常称道他们说："前有召父，后有杜母"。

【译文】

召信臣字翁卿，九江郡寿春县人。因考取明经甲科做了郎官，……提升至南阳太守。……

召信臣为人极为能干，有为政的方法谋略，好为百姓兴利，致力于使百姓富裕。经常亲自下到民间劝勉鼓励农业生产，出入于田间小路，休息住宿都不去乡亭，极少有停歇的时候。他察看了南阳郡内各处的水源，开通了许多大小沟渠，修筑的水门堤堰共有几十处，以拓宽灌溉面积，年年增加，受益田亩多达 3 万顷。百姓得到灌溉之利，农业收获大为增加，使大家都有积蓄。召信臣又为百姓修订了平等用水的制度，把它刻在石板上立在田边，以避免争水纠纷。同时禁止在婚娶丧葬方面的奢侈浪费，倡导俭约办事。府县官吏家的子弟有游手好闲、不愿从事耕作的，召信臣总是严斥他们使之改正，对于陋习严重的按犯法给以治罪，以示好坏的区别对待。所以，良好的社会风气普及了，郡中人没有不勤于农事的，外出他地的百姓也回来了，户数人口增加了一倍，盗窃和诉讼案件逐渐止息。官吏和百姓因此对召信臣亲近爱戴，称他为召父。

丙丞相大德不言

丙吉，字少卿，鲁国①人也，武帝末，巫蛊②事起，吉以故廷尉监征，诏治巫蛊郡邸狱。时宣帝生数月，以皇曾孙坐卫太子事系。吉见而怜之，又心知太子无事实，重哀曾孙无辜。吉择谨厚女徒，令保养曾孙。……上遣使者分条中都官诏狱③系者，无轻重一切皆杀之。内谒者令④郭穰夜到郡邸狱，吉闭门拒使者不纳，曰："皇曾孙在。他人无辜死者犹不可，况亲曾孙乎！"相守至天明不得入，……武帝亦悟，……因赦天下。……曾孙病，几不全者数焉。吉数敕保养乳母加致医药，视遇甚有恩惠，以私财物给其衣食。……吉为人深厚，不伐善。自曾孙遭遇，吉绝口不道前恩，故朝廷莫能明其功也。……及霍氏诛，上躬亲政，省尚书⑤事。是时，掖廷⑥宫婢则令民夫上书，自陈尝有阿保之功。章下掖廷令考问，则辞引使者丙吉知状。……上亲见问，然后知吉有旧恩，而终不言，上大贤之。

（《汉书·丙吉传》）

【注释】

①鲁国：今山东曲阜一带。②巫蛊：以符咒祈祷祝咒，降灾祸于人。武帝时，宫中多次发生这类事情，牵连很多人，卫

太子也因此被废。③诏狱：由朝廷亲自处理的重大刑狱。④内谒
者令：宫中掌迎送宾客的宦官。⑤尚书：掌朝廷文书，群臣奏
章都要经过这里，职位尽管不是很高，可权力极大。⑥掖廷：
宫婢所居的宫中旁舍。

【译文】

丙吉，字少卿，鲁国人。……汉武帝末年，巫蛊事件经常
发生，丙吉由于曾任廷尉监而被征召，奉旨去查办州郡的巫蛊
案件。……当时，宣帝生下才几个月，由于是皇曾孙的原因，
也因卫太子的事诛连被囚。丙吉见了，心里十分同情，又明白
卫太子没有犯罪事实，于是更为痛伤曾孙无辜。因此丙吉挑选
了一个谨慎忠厚的女犯，让她保护和养育曾孙。……武帝派出
使者逐一查治诏狱里的囚犯，不分罪行轻重将他们全部杀掉。
内谒者令郭穰夜里去到郡邸狱，丙吉把他拒之门外，不予接纳，
说："皇曾孙在这里。其他人无辜而死尚且是不应该，何况皇
上的亲曾孙！"僵持到天亮还不得进监狱，……武帝也醒悟了，
……因而大赦天下。……皇曾孙患病，几次都几乎没能活下来。
丙吉数次责令保养的乳母加意治疗，看护照料都很有恩惠，并
用自己的财物来供给他的衣食。……丙吉为人忠厚，不夸耀自
己的长处和功劳。自从曾孙即位为帝，丙吉绝口不提以前的恩
德，因此朝中没有人知道他的功劳。……等到霍氏被诛灭，宣
帝亲自掌政，并过问尚书省的事。这时，一个名叫则的掖廷宫
婢让她原来在民间时的丈夫上书，说她也曾有护养的功劳。宣
帝诏令掖廷负责官员查问，则在供辞里提到当时的使者丙吉知

道情况。……宣帝亲自召见询问，然后才知道丙吉过去对自己有很大的恩德，但终究没说。宣帝对他深为敬重，认为是大贤之人。

王陵母以身教子

王陵①……以兵属汉。项羽取陵母置军中。陵使至，则东向坐陵母，欲以招陵。陵母既私送使者，泣曰："愿为老妾言陵，善事汉王。汉王长者，毋以老妾故持二心。妾以死送使者。"遂伏剑而死。项王怒，亨②陵母。陵卒从汉王平定天下。

（《汉书·王陵传》）

【注释】

①王陵：沛县人，楚汉相争时，拥兵据南阳，因和刘邦仇人雍齿有交情，故不肯从刘邦，后才以兵属汉，共击项羽，并相刘邦，定天下。②亨：通"烹"，古代一种酷刑，即用水烹煮犯人。

【译文】

王陵……带领自己的人马投奔了汉王刘邦。项羽将王陵的母亲安置在自己军中。王陵的使者到来，就让王陵的母亲坐在东面以示敬重，想借此来招降王陵。王陵的母亲私下送别使者，哭泣着说："希望代我这老婆子传话给王陵，要好好事奉汉王。汉王是个忠厚有德的长者，不要由于我而怀有二心。我以死来送别你。"说完便用剑自杀而死。项王大怒，烹了王陵的母亲。而王陵最终还是跟随汉王平定了天下。

传世故事

汉元帝不省法度

汉元帝刘奭（shì）为太子时，柔弱仁慈，喜好儒术。他看到父亲汉宣帝用人多为精通法律条文的官吏，治政注重刑名之学，大臣杨恽、盖宽饶等均因以言论讥刺朝廷被杀，曾经劝告宣帝道："陛下持法太严，应该任用儒生治政。"宣帝听了，板着面孔教训了他一顿："我汉家自有自己的制度，以杂用霸道、王道为本，怎么能像周朝那样纯用德化之教呢？而且，俗儒不合时宜，专好是古非今，令人名实莫辨，不知以何为主，这种人如何可以任用！"可是，刘奭并未引以为戒，重视法度。

汉宣帝病危时，拜外戚侍中乐陵侯史高为大司马车骑将军，太子太傅萧望之为前将军光禄勋，太子少傅周堪为光禄大夫，遗诏命他们辅佐元帝。然而萧、周与史高之间有矛盾。原先宣帝时，宦官中书令弘恭、石显身居要职。他们熟悉法令，与史高内外勾连，在刚即位的元帝面前议政时，往往以前朝旧事为据，不附合萧望之等人的意见。萧望之等认为中书为中枢机构，不宜使用宦官，应该择用贤明的士人。此后与史高、弘恭、石显发生了对立。

即时，汉元帝很尊重萧望之、周堪，因为他们都当过自己的师傅。追随萧、周的则有刘更生、金敞等大臣。然而，元帝刚即位，虽然倾向萧、周等人的意见，但也不敢轻意触怒外戚史高、宦官弘恭、石显等人。

有个名叫郑朋的会稽人，他利用萧、周举荐名儒英才之机，暗中想巴结萧望之，便上疏揭发车骑将军史高和外戚许氏、史氏子弟的过失。周堪看到了奏疏后，建议元帝让郑朋待诏金马门。郑朋见升官有望，更加竭力吹捧萧望之，屡次毁谤史高，攻击许氏和史氏的过失。

后来，萧望之发现郑朋不地道，再不与他往来。郑朋与大司农史李宫一起待诏，周堪也只推荐了李宫为黄门郎。郑朋由此而怨恨萧、周，转而谋求投靠许氏、史氏门下，而且声言道："先前我所说的郑、史二家的事情，都是周堪、刘更生教我说的。我是关东人，哪里晓得那些事？"侍中许章于是会见了郑朋，郑朋事后又扬言道："我见许章时，说到前将军萧望之有五项小过、一项大罪。中书令在旁边，他们知道我谈的情况。"事情传到萧望之耳朵里，萧望之便询问中书令弘恭和石显。弘、石担心萧望之在元帝面前自我辩解，元帝会把此事交与其他官员处理，便挟制郑朋及萧、周的另一个对头待诏华龙，吩咐他们在萧望之休息时，上朝状告萧望之等阴谋罢斥车骑将军史高和排挤许氏、史氏，元帝于是命令弘恭调查这一案件。弘恭询问萧望之是否有郑朋、华龙状告之事，萧望之答道："外戚在位，大都骄奢淫逸，我指责他们是想匡正国家，并不是阴谋诡计。"弘恭、石显便上奏元帝道："萧望之、周堪、刘更生结为朋党，相互援引，屡次谗害大臣，毁谤皇帝，以图达到擅权专制的目的。他们身为人臣却不忠诚，诬陷皇亲而不道德，请命谒者将其移送廷尉。"元帝刚刚即位不久，根本不懂得"谒者将其移送廷尉"就是把他们投入监狱，便批准了弘恭、石显的请示。后来，元帝好久未见周堪、刘更生，要召见他们，侍从回答说他们关在监狱里，元帝惊道："不是仅仅送交廷尉询问一下吗？"他忿恨地责备弘恭、石显，二人连忙叩头谢罪。但移送廷尉是他批准的，意思也确实是关进监狱，所以他也不好过分责难弘恭、石显，只是让人放萧望之等出狱继续行使职权。弘恭、石显又唆使史高劝谏元帝：既然已把重臣关入监狱，就应顺势免去他们的官职，以显示天子的权威和信义。接着，元帝下诏给丞相御史道："前将军萧望之任太傅八年，无其他罪过。而且时间不长，难以记清。可赦免萧望之之罪，收回前将军光禄勋印绶，把他与周堪、刘更生都废为庶民。"

数月之后，元帝又下诏任萧望之为关内侯、给事中，并且想让他当丞相。恰巧萧望之的儿子萧伋上书为上次的事件辩解，有司便以纵子翻案有失臣礼的罪名奏请逮捕萧望之。弘恭、石显等深知萧望之自尊心强、难以忍受屈辱，狡猾地建议元帝把萧望之关进监狱，根除他的怨恨，然后再施厚恩。元帝担心他秉性刚烈，遇辱自戕，石显等故意说他犯的是小罪，不会轻易丢掉宝贵的生命，元帝这才批准逮捕萧望之。石显等马上封好诏书，令谒者面交萧望之，又命太常火速派兵包围了萧望之的宅邸。

谒者登门后，萧望之仰天而叹道："我曾位列将相，年龄已过六十，而今晚年入狱，苟且偷生，不也太可耻了嘛！"然后喝下门生朱云为他配好的毒药，自杀身死。元帝得知消息，十分震惊，拍着手道："先前我本来就疑心他不肯俯首入狱，现在果然害死了我贤明的师傅！"正值午餐时间，侍从送上饭菜，元帝拒绝进餐，只顾哭泣。接着，他找来石显等人，责备他们建议不周，石显等又是免冠叩头谢罪。过了好半天，元帝才平静下来。

（《汉书·萧望之传》）

刘邦用叛将不疑

陈平，阳武户牖乡人。少年时家境贫寒，爱好读书，致力于黄帝老子之术。他家有三十亩田地，他与兄长陈伯住在一起，平常都是陈伯耕地种田，纵容陈平四处游学。陈平其人高大伟岸美貌，有人对陈平说："你家境贫寒是吃什么东西长得如此肥美？"他的嫂子痛恨陈平不过问家务生产，接嘴说："也不过是吃糠麸罢了。有这样的小叔子，还不如没有！"陈伯因此而休妻。

陈涉起兵后，立魏咎为魏王。陈平此时告别兄长陈伯，跟一帮少年去追随魏王咎。他向魏王游说，不被采纳，又有人进他的谗言，陈平就逃离而去。这时项羽占领了黄河，陈平去归附项羽，他协助项羽，颇有战功，不断进爵赏金，后拜为都尉（仅次于将军的军官，汉初秩比二千石）。后来陈平惧怕项羽诛杀他，就把赏金和官印交人还给项羽，自己负剑而逃。渡河时，船工见其伟岸，颇有丈夫气象，又独自行走，怀疑他是逃亡将领，猜他腰里藏有金玉宝物，就拿眼盯着他，想杀他。陈平心下恐惧，解衣露怀表示身无长物，因此才得以脱险。

陈平逃到修武投降了汉，借助魏无知求见汉王刘邦，汉王召他进见，赐食后要他回客舍。陈平说："我有事而来，要说的话不能拖过今夜。"于是汉王与之交谈，非常愉快。汉王问："您在楚担任何官？"回说："做都尉。"当天就拜陈平做都尉，诸将都吵吵嚷嚷，议论纷纷，说："大王一天之内得到楚的一个逃兵，不知底细，就给享受特殊待遇！"汉王因此对陈平宠爱有加。

绛、灌等旧将进谗言道："陈平这人虽有伟岸的丈夫气概，像玉石装饰的头冠，其中未必有真货色。听说他家居时与其嫂私通，服事魏王不被容纳，逃到楚，不被重用，又逃到汉。现如今大王授以尊官，令他护军。他不过是一个反复无常的叛臣，希望大王明察。"汉王表示怀疑，责问无知："有这回事吗？"无知说："有。我当初推荐他，是因其才能，而陛下问的是德行。现在即使有尾生、孝生这样行孝、守信的人，于战争之胜败无益，陛下有闲去任用他们吗？现在楚汉相抗拒，我推荐有奇谋的人，是因为他的计谋确实有利国家。与嫂私通等劣迹又何足为虑呢？"陈平辩解说："我事奉魏王，他不采用我的谋略，所以又去事奉项王。项王不信任人，他所信任宠爱的不是项家诸将就是妻弟等人，即使有奇士也不重用。我在楚就听说汉王肯用人，所以归附大王。我一贫如洗，不接受钱财无以为生。若我的计谋确有可取，希望大王能采用。若一无是处，我请求回家。"汉王乃丰厚赏赐他，授为护军中尉（掌派遣安排诸将之事）。将校们再没人敢议论了。

其后楚汉战争不断，汉王问陈平："天下战乱纷纷，何时能够平定啊？"陈平说："项王为人恭敬爱人，好礼廉节的士人大多归附他，但说到论功行赏封爵，他又不得人心了。现在大王您简慢少礼，廉节好礼之人不亲，但大王肯丰厚地赏赐爵邑，那些好利之徒就来归附汉。这样的话，项王的骨鲠之臣只有几个：亚父、钟离昧、龙且、周殷等，只需大王拿出数万斤金，行反间计，贿赂他们，让楚心存怀疑。项王这人多疑，轻信谗言，一定会自相残杀，大王趁机进攻，一定能破楚。"汉王听从他的计谋，动用四万斤黄金给陈平，任他自由支用，不问去处。

陈平用金去反间楚军，说诸将劳苦功高，却始终得不到土地和封王，要与汉合而为一。项羽果然怀疑部将，派使者到汉，汉这边的人见到楚使者佯装吃惊地说："我以为是亚父的使者，原来是项王的使者呀！"他们还故意怠慢使者，这就更使项王怀疑亚父。亚父听说项王怀疑他，大怒，说："天下事基本已定了，君王好自为之，我回老家去了。"回家途中病发而亡。

汉六年（前211年），有人上书告发楚王韩信谋反。陈平出主意："韩信善于用兵，不能以之为敌，陛下就假装出游云梦，在陈与诸侯相会，韩信必定去郊外迎谒，陛下趁此抓住他，只需一个大力士就够了。"后来果真用这个办法抓获韩信，绑缚回京都。汉王因此封陈平为户牖侯，世代不绝。陈平辞谢，

大王说："我用了先生的计谋，致胜克敌，不算功劳吗？"封赏
更厚。

（《汉书·陈平传》）

霍光倡议废除昏王

霍光，西汉大臣，霍去病的异母弟弟。昭帝年幼即位，他
受武帝遗诏辅政，任大司马大将军。

元帝元年，昭帝驾崩，无子嗣，立迎昌邑王刘贺。刘贺是
汉武帝的孙子，十分淫乱。在服丧期间，不着丧服，不素食，
纳官奴二百余人，在宫禁内喧闹游戏。已故皇帝灵柩还停在前
殿，他就引昌邑乐人击鼓作歌，并与昭帝宫人淫乱等等。霍光
因而忧虑愤懑，单独问其亲近的大司农田延年。延年说："将
军是国家柱石，认为此人不宜继位，为什么不向太后建议，另
外选择贤德之人立为皇帝呢？"霍光说："我现在确实希望如
此，古时有先例吗？"田延年说："古时伊尹在殷为相，废太甲
以安定朝廷，后人称赞他的忠诚。将军若能如此行事，您就是
汉代的伊尹。"于是他们召集一些朝廷重臣在未央宫聚会议事。
霍光说："昌邑王行为昏乱，恐怕要危及社稷，怎么办？"群臣
都惊愕失色，只是唯唯喏喏，而已。此时田延年上前，离开席
位，按着剑说："先帝把幼孤托付给将军，把天下寄托给将军，
是因为将军您忠厚贤德能安定刘氏江山。现在群下鼎沸，社稷
将倾，若令汉家断绝祭祀，将军即使死了，在地下有何面目去
见先帝呢？今日之议，要速决，群臣不立即响应的，请允许我

以剑斩之。"霍光辞谢说："天下形势险恶，霍光应当受责难。"于是参与议事的人都叩头，说："天下百姓的命运都掌握在将军手上，我们只听大将军的命令。"霍光就与群臣一起去见太后，详细陈述昌邑王不能继承皇位的原因，皇太后于是下诏废昌邑王刘贺。

（《汉书·霍光传》等）

汉武帝挥泪严执法

汉武帝的妹妹隆虑公主身患重病，眼看就要断气了。一生富贵，她没有什么遗憾的，只有儿子昭平君年轻任气，使她放心不下。

昭平君是公主的儿子，又娶了汉武帝的女儿夷安公主为妻，更加亲上加亲。皇帝是他的舅父兼岳父，贵盛已极，炙手可热，养成了他骄横暴虐的秉性，常常同一些权豪子弟一起斗鸡走狗，招惹是非。隆虑公主临终前对武帝说："陛下的外甥、女婿脾气暴躁，全不把他父亲看在眼里，都是我娇惯了他。我死之后，难保他不犯下死罪。我就这一个儿子，恳求陛下怜悯。我想国家法律有献金赎罪的条款，我愿意拿出金千斤、钱千万，为您的女婿豫赎死罪，陛下不会不允许吧？"见到妹妹虚弱不堪的身子，充满哀求的目光，汉武帝的心情十分悲痛，此时此刻，根本不容许他有丝毫的犹豫，就不住点头，一口答应了。

果然，隆虑公主死了以后，昭平君愈加肆无忌惮地寻欢作乐，胡作非为。一次大醉之后，竟然拔剑杀死了前来劝止他酗酒的辅导公主的官员"主傅"。由于杀的是朝廷命官，昭平君被关进了监里。可是，他毕竟不是普通百姓，他是公主的儿子，皇帝的驸马，他的母亲又事前给他办过赎罪手续；也就是说，他的权位，他家的千金万金，早已为他买得了杀人不犯死罪的权利。种种因素都使得最高司法长官的廷尉不敢擅自给他定罪，只好以按律当死、但赎罪在先的特殊情况上报皇帝，让皇帝作出决断。

汉武帝没有想到妹妹临死前的担心，竟然不幸言中。这位以雄才大略之称的英明皇帝，面对这个案子，竟然愁肠万结、幽柔寡断起来。他无法忘记妹妹临死前那乞求般的目光。一想起妹妹的嘱托，他悲哀叹息不止，眼泪汪汪地对百官们说："朕的妹妹隆虑公主年纪很大了才生这个儿子，况且只有这一个儿子，临死前托付给朕，朕怎忍心让她在九泉之下大失所望啊！"左右众臣看到皇帝这般痛心，七嘴八舌地劝慰道："这件事既然早已入赎，而且又是陛下亲口答应的，宽恕了昭平君，也是既合情又合理的事，陛下就不必多虑了。"

汉武帝还是在痛苦地思索这件事，感情与法律，亲贵与万民，屈死者与杀人犯，这种种因素，都在他的头脑中反复衡量。最后，他抬起了头，神情严正地对百官说："国家的法令，是高祖皇帝制定的，倘若仅仅是因怜恤隆虑公主的原因，就败坏高祖皇帝的法度，朕有什么脸面再进高庙？又有什么脸面治理天下？"说罢命将昭平君依法处死。敕令送出之后，武帝五内如焚，悲痛欲绝，左右大臣也都感伤不已。

朝臣中只有太中大夫、给事中东方朔与众不同，他端起一蛊酒，毕敬地走到武帝面前，献辞敬酒说："臣听说古圣先王治理国家，赏罚不分亲疏远近，视同一体。《尚书》说，公正无私，政通令行。要做到这点，古代的三王也很难。如今陛下做到了罚不阿近。如此一来，天下的百姓就能各得其所，各安其位，这是天下的大幸运！"臣朔奉献这蛊美酒，诚惶诚恐，请陛下消忧止哀，谨祝陛下万寿无疆！

（《汉书·东方朔传》）

邓通无能受宠　富而后贫

汉文帝刘衡曾做一梦，梦见自己想上天，可是不管他怎样使劲，都无济于事。这时，过来一个穿黄衣服的小伙子，从后面推他，把他给推到天上了。上天后，刘衡回头一看，那黄衣人走得只留一个背影。他注意到，那人衣带后屁股上面那部分，漏了一个口子。刘衡一觉醒来，很想暗中寻访一番，找到这个推他上天的人。他走出未央宫，向西南方向走去。那里有一个湖，湖中有个小岛，岛上有一个高台，叫渐台。他想这里居高临下，容易见到他要找的人。

当时有个人叫邓通，是蜀郡南安（在今四川省乐山）县的人。这个人没有专长，只会划船，被征入宫中，给皇亲国戚们划船取乐。那时人们迷信五行，认为土能胜水，而黄色代表土，所以那些船夫们都穿着黄色的衣服。刘衡要到渐台来找穿黄衣服的人，就是因为如此。这里穿黄衣服的船夫并不少，他只找衣带后面有口子的人。偏偏这天邓通的衣带挂破个口子，刘衡认准他就是能推他上天的人。

文帝问邓通："你姓什么叫什么？"

"小子姓邓名通。"邓通战战兢兢地回答。

文帝刘衡十分高兴，他想："对呀，邓就是登，推我上天的人，肯定就是这个邓通了。"从此，邓通再也不用划船了，被封了个官，只要在皇帝高兴的时候陪着他玩就可以了。

这个角色，需要一个活泼的人。然而邓通言语迟钝，不大会讲话，也不太会与人交往。但他会充分利用自己性格上的这个特点，行为非常小心谨慎，只是学会几句能让皇帝高兴的话就可以了。皇帝一次赏赐他上万钱的，就有十几次。他的官职也不断地提升，最后当到上大夫，只可惜他实在是没有什么能耐，没有办法给他更大的官作。文帝还经常到他家里玩耍。

有一次，宫里请来了一个看相的，据说看得非常准，文帝就让他给邓通看。那看相的相过邓通以后说：这个人，最后是被饿死的。

刘衡说："不可能。我就能让他大富大贵，他怎么会饿死呢？"文帝心想，你不是说他会受穷吗？我偏要让他富极一时。文帝当众宣布道："蜀郡严道（在今四川省荥经县）有座铜山，朕就把这座山赐给邓通。并且，邓通有权自己铸钱，发行使用。"

自此，邓通果然大量铸起钱来。他私铸的钱叫邓氏钱，流行到全国。后来，文帝刘衡得一种毒疮，很痛苦，也很危险。邓通也不懂医道，面对痛苦不堪的皇帝，束手无策。后来他听人说，古代秦王有这种病的时候，曾经让人家给他用嘴吸，用舌头舔，这就是那句有名的成语"吮痈舐痔"的来源之一。于是，他就毫不犹豫地低下头，一口一口地在文帝的疮口上吸了起来。文帝觉得这样确实挺舒服。于是邓通就经常给文帝吸痈。但渐渐的，文帝又不大愿意让邓通给吸了。他问邓通："天下最爱我的人是谁？"邓通说："那就得算太子了。"于是，当太子来探望他的时候，他就让太子给他吸。太子面有难色。后来，太子听说是邓通开的这个头，就非常痛恨邓通。

文帝不久就死了，太子即位是为景帝。景帝说："这个邓通什么本事也没有，怎么能让他作这么高的官？"于是便免了他的官，让他回家为民了。

有人看见邓通失势了，就告发他除了在严道铸钱外，还非法到塞外偷铸。景帝立即让人调查，果然确有其事。景帝宣布没收邓通全部家产抵偿。并且还要让他偿还以前铸币赚的钱。这样一来，邓通不但一文不名，还欠下朝廷数万钱的债。景帝的姐姐馆陶长公主挺同情他的，有时送给他点钱财。但因为他欠朝廷钱，所以只要他手里有一点钱，就立刻被监督他的人没收了，搞得他身上连根簪子都没有。长公主看不过去，让家人借给他衣服和食物，但不给他一分钱。邓通后来死在寄居的人家里。虽然他并没有被饿死，但下场也没有好多少。

（《汉书·佞幸传》）

牛衣对泣　夫妻共勉

王章，开始本以文学为官，到汉元帝即位时，被提拔为左曹中郎将，因得罪了中书令石显，被免官。汉成帝时，又被征为谏大夫，继而升为司隶校尉，后来又担任京兆尹。由于他任官时直言敢谏，无所避忌，所以一生坎坷，最后竟遭迫害而死。

当初，王章在长安求学，还没有考取功名，和妻子两人共同生活。这时候，王章夫妻俩生活困窘到了极点，有一次王章生病卧床，因没有被子，只好瑟缩在牛衣中。想到居然困顿到了如此地步，王章心里难过极了，不禁对着妻子哀哭起来。王章的妻子却很有骨气，见丈夫露出这般情态，就朗声对他说道："夫君是京城中品行高尚之人，试看如今朝廷之中，有谁能超得过您？如今生病在床，生活困厄，不想着如何去激昂发愤，反而哭哭啼啼，多么鄙俗啊！"此话掷地有声，犹如强心剂，给王章以极大的刺激，促使他振作精神，发愤自强。

到后来，王章担任了京兆尹。这时候，正当汉成帝的舅舅王凤在朝当政。王章任京兆尹，本是王凤一手提拔的，但是，王章亲眼见到王凤在朝中的种种弄权行为，十分不满，不顾王凤对自己的知遇之恩和"国舅"的显赫身份，毅然决定要上奏章参劾王凤专权，认为不能任用这样的人，建议皇帝另任贤者。在这关头，王章的妻子头脑倒清醒，知道这样做绝对不会有好结果，便想要劝阻丈夫。她对王章说："人应当知足，难道夫君忘记了当年在牛衣中哭泣的情景了吗？"王章不愿听妻子的话，不耐烦地对妻子说："这不是你们女人家能懂得的事情！"他还是将奏章呈递了上去。果不出其然，奏章呈上去后，王章便被逮入狱。

丈夫入狱，王章的妻子和年仅十二岁的女儿也同时受到牵连，被抓进牢里。有一天夜里，王章的妻子忽然从床上爬起来，号啕大哭，边哭边说道："平时狱中清点囚犯人数，总是数到'九'为止，今天却只数到'八'就停止了。我丈夫素来性情刚烈，先死的一个囚犯，肯定是我的丈夫！"第二天一打听，果然王章已经死了。

王章死后，总算朝廷开恩，释放了王章妻子母女俩，田地房产也发还给了她们。

"牛衣对泣"后来成了成语。王章和他妻子的故事，变成了著名的成语故事。

（《汉书·王章传》）

不言而责子

西汉薛宣，字赣君，东海郯（今山东郯城县西北）人。汉代还没有科举制度，他是被地方官举荐为孝廉、秀才而步入仕途的，先后担任宛句、长安县令，御史中丞，临淮、陈留太守等，又曾任御史大夫。鸿嘉元年（前20）又代张禹为丞相，被封为高阳侯。薛宣做官很有才能，任地方官时，教令完备，赏罚严明，很有治声。在朝廷中做官时，廉明持正，政声不错。

薛宣的儿子薛惠，后来也做到俸禄二千石的大官。一开初，薛惠在彭城县当县令。薛宣这时正由临淮太守改官陈留太守，他去陈留上任时，恰好路过彭城，便顺便到儿子任所看望薛惠。谁知一到彭城县境内，见桥梁以及供朝廷官员来往使用的驿站等均残破不堪，都未加修葺。薛宣见此状况，心里就明白儿子不能胜任县令之职。他在彭城住了好几天，只是每天在县衙中帮着处置处置杂物器具，侍弄侍弄菜园中种的蔬菜等，从不问儿子的公事。

薛惠见父亲情状，便知道自己的作为不能令薛宣满意。过了几天，薛宣要去陈留上任，薛惠便特意派了个县吏送父亲到任所，嘱他有机会询问薛宣对他的看法。这个县吏一直送薛宣到陈留，找了个适当的机会，便诚恳地问薛宣为什么不问问儿子的吏事，给薛惠一些教诫。薛宣笑着对县吏说道："做官之道，如果是关于法纪政令方面的事，可以通过求教之类的方式学到。至于能不能做官，自有其天生的资赋，这又怎么能学到呢？"言外之意，是认为儿子无做官才能。后来，薛宣的这番话传了开来，朝廷内外的官员都认为此话很有道理。

薛宣的话显然有些片面。他过于强调人的素质，其实素质也是可以通过后天的学习而逐步提高的。从这则故事可以看到，尽管薛宣没有十分严厉地责备儿子，但他对儿子的要求是十分严格的。这种不教而教的方法，对薛惠很有触动。后来情况如何，史籍无载，但薛惠后来确实做到了二千石的大官。

（《汉书·薛宣传》）

东家枣完　妇去复还

西汉人王吉，自幼好学，被举为孝廉，出为小吏。后来又被举为贤良方正，先后任县令等。又曾担任昌邑王的中尉，因昌邑王荒淫，王吉恳切进谏，因此获罪。昌邑王虽饶他一命，仍然把他罚为囚徒。后来，汉宣帝召他为博士、谏大夫。王吉并不因为以前曾吃过进谏的亏而畏缩，遇事照样直谏。汉宣帝认为他迂阔，王吉便称病归。汉元帝即位后，又召他为谏大夫。

王吉多次失宠，都是由于他直谏不讳，于此可见他的耿直不阿品格。他不仅在朝为官时刚直敢言，嫉恶如仇，在家家居对家人的要求也极为严格，不准有亏志节。当初他一心向学时，居住在长安城中。他的东邻家中有一棵很大的枣树，枝丫一直伸到王吉家的院子中，当这棵枣树枝头上挂满枣子时，王吉年轻的妻子一时嘴馋，便摘了一些枣子下来，等王吉回来，拿出来一道吃。王吉当时以为是妻子从街上买来的，毫不在意，将枣子吃掉了。后来他得知妻子摘的是东邻人家枣树上的枣子，非常生气，就把妻子休回娘家去了。

东邻人家听说王吉为了几颗枣子，竟然将妻子休掉了，心中不安。想想没有办法弥补自己无意中造成的过失，便想将这棵大枣树砍去。周围的邻居知道情况后，一齐出来加以劝阻，又坚持请王吉将妻子接回来。在周围邻居的一再请求下，王吉才原谅了妻子的过错，让她回到家中。

为了此事，王吉所居住的地方传诵着一首赞颂他的顺口溜：

东家有树，王阳妇去。东家枣完，去妇复还。

只此一事，就足可看出王吉平时是如何砥砺自己的情操和严格要求家人的。正因他家教很严，所以他的子孙都先后在朝中做官，很有出息。王吉性清廉，一生过着清苦的生活。到他的儿孙辈，虽已较为讲究车马服饰和饮食，但家中也没有金银锦绣之类。待到搬家时，人们只见他家仅有一些必备的衣物，没有什么私财。当他不做官后，照样布衣蔬食，过着和普通百姓一样的生活，所以天下人都服其廉洁。

（《汉书·王吉传》）

人物春秋

一代名将——淮阴侯韩信

韩信，淮阴人，家贫而无德，因此不被推选为地方官吏，他不能经商谋生，经常依靠别人糊口度日。韩信的母亲死后无钱埋葬，就找了一块干燥的高地安葬了，准备将来在他母亲的墓旁安葬万家。韩信依靠下乡南昌亭长糊口度日，这就苦了亭长的妻子。亭长的妻子就清早起来做饭，在床上把饭吃了。到吃饭的时候，韩信去了，就不为他准备饭食。韩信也知道其中用意，就自己断绝了关系而离去。韩信至城下钓鱼，有一漂洗棉絮的漂母见他可怜，就给他饭吃，这样竟度过了数十天。韩信对漂母说："我以后一定重重报答您。"漂母生气地说："大丈夫不能自食其力，我只是可怜你才给饭吃，岂能希望图报啊！"淮阴少年又欺侮韩信说："你身材虽然高大，喜欢随身佩带刀剑，这是怯懦的表现。"并当众侮辱韩信说："你不怕死，就用剑刺我；如果你不刺，就从我胯下出来。"于是韩信凝视良久，慢慢低下身来从胯下爬了出去。街市上的人都嘲笑韩信，以为他是个怯懦之人。

当项梁渡过淮水的时候，韩信就带剑投奔项梁，居于麾下，没有名气。项梁败死后，又归属项羽，为郎中。韩信几次向项羽献策，项羽不予采用。汉王入蜀，韩信离楚归汉，仍不得扬名，只做了管理粮仓的小吏。他后来犯法当处斩刑，与他一伙作案的十三个人都已斩首，轮到韩信，韩信就抬头仰视，正好看见了滕公，韩信说："汉王不想要天下了？而竟斩杀壮士！"滕公听后很惊奇，又见相貌不凡，就释放了他。与他交谈了一番，非常欣赏他，并向汉王进言。汉王任命他为治粟都尉，但没有发现他有什么特别的才能。

韩信和萧何交谈过几次，萧何很赏识他。到了南郑，将领中有数十人逃亡。韩信估计萧何等人在刘邦面前几次推荐过自己，既然不用，也就逃走了。萧何听说韩信逃走，来不及向刘邦报告，就亲自去追韩信。有人向刘邦说："丞相萧何逃走了。"刘邦听了很生气，如同失去左右手一样。过了一、二天，萧何来拜见。刘邦又生气又高兴，骂萧何说："你也逃走了，为什么？"萧何说："臣下不敢逃走，是追逃走的人。"刘邦说："所追的是谁？"萧何说："是韩信。"刘邦听了又骂道："将领中逃跑的已有数十人，你都不追；说追韩信，这是骗人。"萧何说："那些将领容易求得，至于像韩信那样，却不会再有第二人了。大王如果打算在汉中长期称王，那就可以不任用韩信；如果决心想争夺天下，除了韩信就没有人能与您共商大事的了。这要看大王的心意了。"汉王说："我也想向东进军，怎能在此久居？"萧何说："大王决计东进，那么能用韩信，韩信就会留下；如果不能用韩信，韩信最终还是要逃走的。"汉王说："我为了您封他为将领。"萧何说："虽然你任命他为将领，韩信还是不会留下的。"汉王说:"那就任命他为大将。"萧何说:"太好了。"于是汉王要召见韩信拜他为大将。萧何说:"大王素来对人傲慢,现在任命大将好像叫小孩似的,这就是韩信所以要离去的缘故。大王如果决心想任命,就要选个日子,沐浴斋戒,设广场高台举行仪式才行。"汉王同意了萧何的建议。众将领非常高兴,人人各自都以为要有一个大将军了。等到任命大将军时,原来是韩信,全军无不惊讶。

韩信拜将以后,就坐了下来。汉王说:"丞相在我面前几次提到将军,将军有什么计策来教我呢?"韩信推谢了一会,就问汉王说:"现在东进争权天下,主要敌手岂非项王一人吗?"汉王说:"是这样。"韩信说:"大王自己估量在勇敢、凶悍、仁爱、强壮方面与项王相比如何?"汉王沉默了好久才说:"不如项王。"韩信再次拜谢表示庆贺说:"我韩信也以为大王不如项王。然而臣下也曾事奉过项王,请让我谈谈项王的为人。项王厉声怒喝时,千百人的话都作废不听,然而他不任用有才能的将领,这只是匹夫之勇。项王见人恭敬谨慎,讲起话来细声细气,人患疾病,他就得流下泪来,把自己的饮食分给病人吃,但到了别人有功应当封爵时,他就把手中的官印磨得没有了棱角,仍舍不得给人,这叫做妇人之仁。项王虽然称霸天下,但他不居守关中却建都彭城;又违背义帝的约定,而把自己亲信的人封为王,诸侯纷纷不平。诸侯见项王驱逐义帝于江南,也都回去驱逐他们原来的君主,占有好的地方自立为王。项王所经过的地方,无不遭受破灭,积怨于百姓,百姓不愿归附,只不过迫于淫威,勉强服从罢了。名义上虽称为霸王,实际上失去了天下的民心，因此说他的强大容易变为衰弱。现今大王如果能反其道而行之，任用天下勇武之人，何愁敌人不被诛灭！以天下的城邑封给有功的大臣，何愁大臣不服！率领顺从思乡东归的义军，何愁敌军不被打败！况且三秦的封王都原本是秦朝的将领，率领秦国子弟已有数年，所杀士卒不可胜计，又欺骗他们投降了诸侯。到了新安，项王用诈骗的手段坑杀秦国降卒二十多万，只有章邯、司马欣、董翳三人没有被杀，秦父兄们都怨恨这三个人，恨之入骨。现在楚霸王项羽以武力强封这三人为王，秦国的百姓是不会拥护的。而大王入武关时，秋毫无犯，废除秦朝的苛酷刑法，与百姓约法三章，秦国百姓没有一个不希望大王在秦地称王。根据当初诸侯的约定，大王应当在关中称王，关中的百姓家喻户晓。可是大王失掉应有的职位而称王蜀地，秦国百姓无不怨恨。今天大王举兵东进，三秦地区只要发一道檄文就可平定。"于是汉王听了非常高兴，自己也以为得到韩信晚了。汉王就听从了韩信的计划，部署诸将积极备战。

汉王举兵从陈仓东出，平定三秦。汉高祖二年，出函谷关，收服了魏王豹、河南王申阳，韩王郑昌、殷王司马卬也都投降。汉王又命令齐国与赵国共同出兵攻击楚国的彭城，汉军兵败而回。后来韩信发兵与汉王会师在荥阳，又击破楚军于京、索之间，因此楚军再也不能西进。

汉王在彭城被打败以后，塞王司马欣、翟王董翳就叛汉降楚，齐、赵、魏三国也都反汉，与楚和好。汉王派郦生去游说魏王豹，魏王豹不听，于是汉王封韩信为左丞相率军攻击魏国。

韩信问郦生说："魏王不会用周叔为大将吧?"郦生答道："用
柏直为大将。"韩信说："柏直是个无能之辈。"就进兵击魏。
魏国在蒲坂设重兵，封锁了临晋。韩信就多设疑兵，摆开船只
装作要渡临晋的样子，而伏兵却从夏阳用木制作了小口大腹的
酒器渡河，袭击魏都安邑。魏王豹大为震惊，引兵迎击韩信。
韩信俘虏了魏王豹，平定了河东，派人请求汉王说："望增兵
三万，由臣下北平燕、赵，东击齐，南绝楚国的粮道，西与大
王会师于荥阳。"汉王给韩信增兵三万，又派张耳与韩信一同
东进，攻击赵、代。攻破了代地，在阏与活捉了代相夏说。韩
信攻下了魏、代以后，汉王派人收回了他的精兵，到荥阳抵御
楚军。

　　韩信、张耳率兵数万，准备东下井陉击赵。赵王与成安君
陈余听到汉军来袭，聚兵进陉口，号称二十万。广武君李左车
游说成安君说："听说汉将韩信渡西河，俘魏王，擒夏说，血
洗阏与，现在又得到张耳的辅助，企图攻下赵国，这是乘胜出
国远征，其势锐不可挡。我听说：'千里运粮，士卒就有挨饿
的危险；到吃饭时才去打柴做饭，军队就不会餐餐吃饱。'现
在井陉的道路，车不得并行，骑兵不能成队列，行军数百里，
其粮食势必落在后面。希望您借给我臣下三万奇兵，从小道切
断汉军粮食武器供应，您在这里挖深沟筑高垒，不与汉军作战，
使汉军前不得战，退不得回，我以奇兵断绝汉军后路，使他们
在野外抢不到任何吃的东西，不出十天，韩信和张耳二将的脑
袋就能献到您的麾下。希望您能重视臣下的计谋，否则必定被
这二个小子所擒获。"成安君是个儒生，经常声称正义之师不

用奇诈之谋，因而说："我听兵法说，'十倍于敌人的兵力就包围它，一倍于敌人的兵力就与它交战。'现在韩信的兵力号称数万，其实不可能有那么多，千里迢迢来奔袭我们，也就精疲力尽了。象现在如此的兵力我们也要避而不击，以后如有更大的敌人，我们将有什么办法去对付他们呢？诸侯们都会说我们胆怯，今后会轻易地来攻打我们。"于是就不听广武君的计策。

韩信暗中派间谍打听到广武君的计策未被采纳，间谍回报后非常高兴，于是率兵进攻井陉狭道。在距离井陉口三十里的地方，就停了下来。到半夜时就传发军令，挑选二千轻骑兵，每人手中拿一面红旗，从小道隐蔽在山里，窥视赵军，并告戒他们说："赵军见到我军逃跑，必会倾巢出动来追赶我们，你们就快速冲进赵营，拔掉赵军旗帜，竖立汉军红旗。"同时又叫裨将下令准备伙食，说："等今日打败赵军后会餐。"各位将领听了都不知所以，就附合答应说："遵命。"韩信又对军官们说："赵军已先占据有利地势，在他们没有见到汉军大将旗鼓之前，是不肯轻易出击我们的先头部队的，怕我们遇到了阻险而退兵。"于是韩信派了一万人作为先头部队，出了井径口，就背靠着河水摆开了阵势。赵军看到以后，都大笑不止。天刚亮的时候，韩信竖起了大将的旗帜，击鼓而行出了井径口，赵军开营出击汉军，激战良久。于是韩信、张耳就假装丢弃了旗鼓，向河边的汉军方向败走，到了河边阵地，又回头再战。赵军果然倾巢而出，都来争夺汉军的旗鼓，追击韩信、张耳。韩信、张耳回到河边的汉军阵地，全军都拼死作战，赵军无法打败。这时韩信所派出的二千骑兵，等到赵军倾巢出来争夺汉军战利品时，就立即冲入赵军营地，拔掉了赵军的全部旗帜，竖起了二千面汉军的红旗。赵军见到不能俘获韩信、张耳等将领，就想收兵回营，但赵营中都已竖起了汉军红旗，大惊失色，以为汉军已经全部俘获赵王将领，于是队伍大乱，四散奔逃。赵军将领虽然斩杀了很多逃兵，但仍阻禁不住。于是汉军两面夹击，大破赵军，在泜水上斩杀了成安君，擒获了赵王歇。

韩信下令军中不得杀死广武君，如以活捉广武君者，重赏千金。不久，有人捆缚广武君到韩信帅营，韩信解开了捆绑，以对老师一样的礼节来对待他。

诸将领向韩信呈献赵军的首级和俘虏之后，都向韩信表示祝贺，有人趁机问韩信："兵法上说，布阵应该是'右背山陵，左对水泽，'如今将军反而命令我们背水列阵，还说破赵军后会餐，当时我们都不服。然而事实上取得了胜利，这是什么战术呢？"韩信说："这在兵法上也是有的，只是诸位没有察觉罢了。兵法不下是说：'陷之死地而后生，置之亡地而后存'吗？我韩信没有能够得到训练有素而能服从调动的将士，这就象兵法所说的'驱赶着街市的百姓去作战'一样，在这种形势下只有把他们置于死地，使他们每人都为求生而奋勇作战；如果今天把他们置于生地，那他们都会逃走，我还能用他们去作战吗？"诸将听了都佩服地说："我们都没有想到。"

于是韩信问广武君说："我准备北攻燕，东伐齐，怎样才能成功？"广武君推辞说："我听说'亡国之臣没有资格来谈论国家兴存，败军之将没有资格来谈论勇敢作战'。象我这样，怎么能出来权衡国家大事啊！"韩信说："百里奚在虞国而虞国灭亡，到了秦国则秦国称霸，这并不是他在虞国时愚蠢，而在秦国时聪敏，而在于国君用不用他的才能，听不听他的计策。如果成安君当初听了你的计策，我早已成了俘虏。我诚心请教，希望不要推辞。"广武君说："我听说：'智者千虑，必有一失；愚者千虑，也有一得'故而说'狂人之言，圣人也可选择采纳'。只恐怕我的计策未必能用，但愿只效愚忠而已。成安君本来有百战百胜之计，但一旦失策，就兵败鄗下，自己也死于泜水之上。现今将军俘虏了魏王，生擒了夏说，一上午时间不到就击败了二十万赵军，杀死了成安君。名闻海内，威震诸侯，大众百姓都不得不停止劳作，拿出轻衣美食，侧耳等待你的命令。然而民众劳苦，士卒疲乏，实在是难以用兵。现在将军用疲惫不堪之兵，劳顿在燕国坚固的城池之下，显然让人看出力量不足，要想攻战，又攻不下来，旷日持久，粮食耗尽。如果不能攻破燕国，齐国也必定会拒守边境，以图自强。与燕、齐二国相持不下，那么刘邦与项羽的胜负也就不能分明了。我的愚见，或许错误"。韩信说："按照你的意见，该怎么办呢？"广武君答道："当今之计，不如按兵不动，百里之内的百姓就会每天拿出牛肉美酒来犒劳将士。将军在北边去燕国的路上布置军队，然后派遣一名使者，拿着书信，去游说燕国，燕国必定听从。接着从燕国向东到齐国，虽然有智谋的人，也不能为齐国想出更好的计策。如是这样，天下的大事就可以图谋了。兵书上有先虚而后实，就是这个道理。"韩信说："好，敬奉你的指教。"于是采用了广武君的计策，派使者到燕国，燕国闻风而降。接着就派使者报告汉王，请求立张耳为赵王来镇抚赵地。汉王允许了这一请求。

　　楚军曾多次派奇兵渡过黄河来攻击赵国，赵王张耳、韩信往来救赵，一路上平定了赵国城邑，并发兵支援汉王。当时楚国正急于围攻汉王于荥阳，汉王从荥阳逃出，到了南面的宛、叶两地，收得了九江王英布，进入了成皋，楚国又很快地围困了成皋。汉高祖四年，汉王从成皋逃出，渡过黄河，独自与滕公投奔在修武的张耳军营。到了以后，住宿在传舍中。第二天清晨，汉王自称是汉王使者，骑马驰入军营。张耳、韩信还未起床，汉王来到了卧室，夺走了他们的印信兵符，召集诸将，调换了他们的防务。韩信、张耳起床后，才知道汉王独自来到，大吃一惊。汉王夺取了张耳、韩信的军权，就当即命令张耳备守赵地，又拜韩信为相国，征发未去荥阳而留下来的赵军，去攻打齐国。

　　韩信率兵向东攻齐，还没有渡过平原津，就听到汉王派出的使者郦食其已说降了齐王田广。韩信准备停止进军，蒯通就游说韩信，劝他攻打齐。韩信听从了蒯通的意见，就渡过了黄河，袭击驻在历下的齐军，一直打到了临菑。齐王逃往高密，派使者向楚国求救。韩信攻占了临菑以后，向东追击齐王到高密的西边。楚王派大将龙且，率军号称二十万，前来救齐。

　　齐王、龙且两军联合起来与韩信作战，还未交锋。有人对龙且说："汉兵远征，拼死作战，其锋锐不可挡。齐、楚两国在自己的国土上作战，士兵容易溃散。不如深沟高垒，叫齐王派亲信大臣去招抚攻失的城邑。城邑中的百姓听到齐王还活着，楚国又派兵来求援，就一定会反叛汉军。汉军从二千里外客居齐地，而齐国城邑的百姓都起来反叛，势必得不到粮食供给，就可使汉军不战而降。"龙且说："我平生深知韩信为人，容易对付。他曾向漂母求食，又从人胯下爬过，没有一般人所具有的勇气，因而是不足以畏惧的。况且我来救齐，不战而使汉军投降，那我还有什么功劳呢？现在如果我战而胜之，又可以得到齐国的一半土地，为什么要停止进攻呢？"于是决定交战，与韩信汉军隔着潍水摆开了阵势。韩信就连夜派人做了一万多个袋子，装满了沙泥，堵住了潍水上游的河水，率领半数人马渡过潍水袭击龙且。韩信假装不胜，往回败走。龙且果然高兴地说："我本来就知道韩信胆怯。"于是领兵渡潍水追击韩信。韩信派人挖开堵水的沙袋，大水一涌而至。龙且的军队一大半留在岸上无法渡过河水，韩信立即迅速攻击渡河楚军，斩杀了龙且。在潍水东岸的龙且军队四散溃走，齐王田广也逃跑了。韩信追击齐兵直到城阳，俘获了田广。楚军纷纷投降，终于平定了齐国。

韩信派人向汉王说："齐国狡诈多变，是个反复无常的国家，南面又与楚地邻近，如果不设一个代理的齐王来镇抚它，局势就不容易安定。现在齐地没有国王，权力太轻，不足以镇抚安定，我请求自立为代理齐王。"当时，楚国正急于围攻汉王于荥阳，韩信的使者到了以后，递上书信，汉王看了大怒，骂道："我被围困在这里，日夜盼望他来帮助我，而他却想自立为王！"张良、陈平躲在后面踩汉王的脚，凑近汉王耳边低声说："汉军正处境不利，怎么能禁止韩信自立为王呢？不如就此而立他为王，好好地对待他，使他自守一方。不然的话，就会发生变乱。"汉王立即明白过来，因而又骂道："大丈夫平定诸侯，就应当立为真王，为什么要作代理国王呢？"于是派张良前往立韩信为齐王，征调韩信的军队攻打楚国。

楚国失去了龙且，项王恐慌，派盱台人武涉前去游说韩信说："将军为何不反汉与楚联合？楚王与将军有旧交。况且汉王不一定可信，他几次身价性命掌握在项王手中，然而一旦脱险就立即背弃盟约，又攻击项王，不可亲信到如此地步。现在将军自以为与汉王的交情象金石那样坚固，然而终究要被他抓起来的。您之所以留得性命到今天，是由于项王还在的缘故。如果项王一死，接下来就会取您的性命。您为何不与楚讲和，三分天下而称王齐地？现在您若放弃了这一时机，而一定要帮助汉王一同攻打楚王，作为有才智的人能这样做吗？"韩信谢绝说："我侍奉项王数年，官不过是个郎中，位不过是个持戟卫士，我讲的话不听，计谋不用，故而我离楚归汉。汉王授我上将军印，率数万之众，脱下他的衣服给我穿，拿他的饭食给我吃，言听计从，我才能得以有此地位。人家如此对我十分亲近和信任，我背叛他是不会有好结果的。请为我韩信辞谢项王。"武涉走后，蒯通知道决定天下局势的关键在于韩信。就向项王分析三分天下，鼎足称王的形势。韩信不忍心背叛汉王，又自以为功劳大，汉王不会来夺取自己的齐国，于是并不听从蒯通的计谋。

汉王在固陵兵败之时，采用了张良的计谋，征召韩信率兵在陔下与汉王会师。项羽一死，汉高祖刘邦就乘人不备夺取了韩信的军权，改封韩信为楚王，定都下邳。

　　韩信到了楚国，召见当年给他饭吃的漂母，赏赐她千金。轮到了下乡亭长，只赏给他一百钱，说："你是个小人，做好事有始无终。"又召见曾经侮辱过自己，让他从胯下爬过去的少年，封他为中尉，并告诉他的将相说："此人是位壮士。当初他侮辱我时，我宁可不去杀他；杀了他也不能扬名，故而就忍让了下来，因此我才有今天成就。"

　　项王的逃亡将领钟离眛家住在伊庐，素来与韩信关系很好。项王兵败，钟离眛投奔了韩信。汉王怨恨钟离眛，听说他在楚国，就下令让楚王捕捉钟离眛。韩信刚到楚国时，巡行各地县邑，带着兵出入。有人告韩信想谋反，举报的奏书到了汉王的手里，汉王认为韩信是个隐患。于是采用陈平之计，假装巡游到云梦地方，实际上想要袭击韩信，韩信还不知道。高祖将要到达楚国时，韩信打算起兵造反，但又想到自己是无罪的；想去进见汉王，又恐怕当场被抓起来。有人劝韩信说："杀了钟离眛去谒见汉王，汉王必定会很高兴，也就没有祸患了"。韩信把此事与钟离眛商量，钟离眛说："汉王之所以不攻取楚国，是由于我钟离眛还在您这里，如果您把我抓起来去献媚汉王，我今天一死，您也随即灭亡了。"并大骂韩信道："你不是个忠厚长者！"结果就自杀而死。韩信拿着钟离眛的首级到陈地去朝见汉王。高祖命令武士把韩信捆缚起来，放在后面的车子上。韩信说："果然像有人所说的，'狡黠的兔子死了，出色的猎狗也就该烹杀了'。"汉王说："有人告您谋反。"于是又给韩信戴上械具。回到了洛阳，赦免了韩信，改封为淮阴侯。

　　韩信知道汉王嫉妒他的才能，就称病不去朝见或跟从出行。

韩信由此日益怨恨，在家中闷闷不乐，对与绛侯周勃、灌婴处于同等地位感到羞耻。韩信曾路过将军樊哙家门，樊哙行跪拜礼迎送，并自称为臣下，说："不知大王竟肯光临臣下的家门"。韩信出门后对部下笑着说："想不到我这一辈子竟要与樊哙为伍！"

汉王高兴时与韩信谈论诸将的才能高下。汉王问韩信说："如果是我，能率领多少兵？"韩信说："陛下最多也不能超过十万"。汉王说："如果是您，能率兵多少？"韩信说："如果是我，则多多益善。"汉王笑道："您既然多多益善，为什么被我抓住呢？"韩信说："陛下不能领兵，而善于驾驭将领，这就是我韩信被陛下抓住的缘故。况且陛下的权力是上天授予的，不是人力所能做到的。"

后来陈豨为代地相国去监察边郡，临行向韩信告辞。韩信拉着他的手，在庭院里散步来回数次，仰天长叹地说："您可有话与我讲吗？我可有话想与您讲。"陈豨接着说："一切听从将军的命令。"韩信说："您所管辖的地方，是天下精兵聚集之处，而你又是陛下亲信得宠的大臣。如果有人说您谋反，陛下必定不会相信；如果再有人告您谋反，陛下就会产生怀疑；如果第三次有人告发，陛下一定会大怒而亲自率军来征讨您。我为您在此作内应，就可以图谋天下了。"陈豨一向知道韩信的才能，也就相信他的话说："一切听从您的指教。"

汉高祖十年，陈豨果然起兵造反，汉高帝亲自率军前往征讨，韩信称病不去。韩信一方面暗中派人到陈豨处联络，一方面又与家臣谋划，准备在黑夜假传诏书赦免在官府服役的罪犯与奴隶，然后发兵袭击吕后与太子。部署已定，正等待陈豨的消息。韩信的门客得罪了韩信，韩信把他囚禁了起来，准备杀他。那个门客的弟弟就上书向吕后告发韩信谋反的状况。吕后打算把韩信召来，又恐怕韩信的党羽不肯就范，于是与相国萧何合谋，假装说有人从皇帝那里回来，说称陈豨已被杀死，群臣都进宫朝贺。相国萧何就欺骗韩信说："虽然您有病，但还是要勉强去朝贺一下。"韩信进了宫中，吕后就命令武士把韩信捆缚起来，在长乐宫中的钟室里把他杀了。韩信临斩时说："我当初没有采用蒯通的计策，如今反而被妇人小子所欺骗，这岂不是天意吗！"于是吕后诛韩信的三族。

汉高祖平定了陈豨叛乱后回到了京城，听到韩信已死的消息，悲喜交加，询问说："韩信死时说了些什么？"吕后就把韩信死时说的话告诉了高祖。高祖说："蒯通此人是齐国的辩士。"于是下诏捉拿蒯通，准备烹杀他。蒯通被抓后就为自己辩解，高祖就释放蒯通而没有杀他。

忍辱负重著《史记》——司马迁

远古颛顼时代，任命南正重主管有关天的事务，任命火正黎主管有关地的事务。陶唐氏与有虞氏相交的时候，让重、黎的后人继承重、黎的事业，重新掌管与天、地有关的事务，一直到夏朝和商朝都是这样，所以重、黎氏世世代代管理天、地的事情。重、黎氏在周朝，程伯休父是他们的后人。当周宣王的时候，重、黎氏失去了管理天、地事务的职掌而成为了司马氏。司马氏世代掌管周朝的史事。周惠王与周襄王承继之间，司马氏迁到了晋国。晋中军将随会逃奔魏地，司马氏因此进入了少梁。

从司马氏离开周室迁到晋国，其宗族就分散开了，有的在卫地，有的在赵地，有的在秦地。在卫地的，当了中山国的相。在赵地的，以传授剑术而闻名，司马蒯聩是他们的后人。在秦国的是司马错，他与张仪争论，于是秦惠王派他率兵伐蜀，灭亡蜀国，因而就地戍守。司马错的孙子司马靳，在武安君白起手下做事。这时候少梁更名叫夏阳。司马靳与武安君白起坑杀了赵国兵败长平的军队，回去以后二人都在杜邮这个地方被赐死，葬在华池。司马靳的孙子司马昌，担任了秦王的铁官。当秦始皇的时候，司马蒯聩的玄孙司马卬为武信君的将军而去攻取朝歌。诸侯们相继为王，司马卬被（项羽）封为殷王。汉朝讨伐楚霸王时，司马卬归降汉朝，汉朝以他原先的封地建立了河内郡。司马昌生了司马毋泽，司马毋泽为汉（长安四市）的一个市长。司马毋泽生了司马喜，司马喜爵为五大夫，去世后安葬在高门。司马喜生了司马谈，司马谈担任了太史公。

太史公司马谈向唐都学习天文，向杨何学习《易》（的教育），在黄生那里学习道家理论。太史公是在建元、元封年间担任这个职务的，他责备学者们不能彻底理解各家的思想而被各派师法所困惑，就论述六家的要旨说：

《易大传》说："为使天下达到同一目标而有一百种设想，归宿相同但道路不同。阴阳、儒、墨、名、法、道德诸家，这些都是努力于治理社会的，只是学说思路不一样，有的能省察有的不能省察罢了。我曾观察阴阳家的学术，众人忌讳重大的吉凶预兆，便使人拘束而多有畏惧，但是它条理的四季的顺序变化，是不可错过的。儒学学者博学但不得要领，劳而功少，所以他们所主张的事情难以完全遵从，但是他们讲叙的群臣父子之间的礼仪，罗列的夫妇长幼之间界线，却是至理。墨学学者的节俭难以遵从所以他们所主张的事情不可尽用，但是他们所说的强本节用的道理，是不可废弃的。法家严格而缺少恩情，但是他们理顺的君臣上下的名分，是不可更改的。名家让人简朴而容易失去真实，但它强调名称与实在的区别和联系，是不可不省察的。道家使人精神专一，展开和闭合都没有形状，哺养万物，它的学术构成，遵循阴阳家对四季顺序变化的主张，采纳了儒家和墨家的长处，吸收了名家和法家的要点，随着时代的发展而发展，针对不同的事物而变化，建树习俗办理事务，没有不恰当的，它的宗旨简约而容易实施，办事少而见效多。儒学学者则不然，认为皇上是天下的仪表，君主倡导臣下就要拥护，君主在先臣下应该随后。这样，君主就烦劳而臣下就轻松了。至于对重大问题的主张，则远离贤人，废黜智慧，放弃这些而仅用自己的学术。我们知道，精神耗费多了就会枯竭，形体太劳累了就会凋敝；精神和形体很早就衰颓了，想要与天地一样长在久存，这种事情还没听说过。

阴阳家主张，四季、八卦位、黄道的十二度、二十四节令各有处理的原则，而说（对这些原则）顺之者昌、逆之者亡则未必然，所以（我）说他们"使人拘束而多有畏惧"。春天播种夏天成长，秋天收获冬天收藏，这是天体运行的规则，不顺应就无法制订天下纪纲，所以（我）说"四季的顺序变化，是不可错过的"。

儒学学者，他们以（《礼》、《乐》、《尚书》、《诗经》、《易》、《春秋》）六艺为原则，阐释它们的疏传成千上万，终生不能把它们弄懂，一年内连对其礼法也不能全搞清楚，所以（我）说他们"博学而不得要领，劳而少功"。如果说他们罗列的君臣父子之间的礼仪，讲述的夫妇长幼之间的界线，即使让一百个学派来论辩也是不能改变的。

墨家学者也崇尚尧、舜，他们阐述自己的德行说："堂屋屋基只要三尺，土阶只要三级，盖房子的茅草不需剪整齐，木椽子不要修整；用土锅烧饭，用土碗盛羹，吃粗米，喝菜汤；夏天穿葛藤制的衣服，冬天穿鹿皮衣。"他们为人送终，只用三寸厚的桐木棺材，哭丧不能完全表达自己的悲哀。他们教授丧礼，固执地要用这一套作为万民的表率。所以天下如果都这样，那么尊卑就没有区别了。社会不同时代发展了，做的事情就不必相同，所以说"他们的节俭难以遵从"。总的说来他们主张的强本节用，是人给家足的原则。这是墨子学说的长处，即使让一百个学派来论辩也是不能废弃的。

法家不区别亲疏关系，不划分贵贱，只依据法令来决断，会使得亲近亲人、尊重尊贵的恩情断绝了，这可以说只能为一时之计，而不能长久使用，所以（我）说它"严格而缺少恩情"。若说到尊重君主、小看臣下，说明名份和职掌不可以相互逾越，虽然让一百个学派来论辩也是不能更改的。

名家苛刻烦琐，使人不能理解他们的本意，他们只根据名来判断事物，经常不合人情，所以我说名家"简朴而容易失去真实。"假若说到他们主张的引名责实，处理错综复杂的事情不犯错误，这些都是不能不省察的。

道家主张无为，又叫无所不为，它的具体主张容易实行，它的言辞难以理解。它的学术以虚无为根本，以因循自然为功用，没有既成的形势，没有固定的方式，所以能够彻底推求万事万物情况。它不先于物也不后于物，所以能够成为万物的主宰。有一定的法则又没有凝固的教条，只因时事的变化推行自己的事业；有一定的界线又没有凝固的界线，只因事物的情况决定兴起或废弃，所以说"圣人没有机巧，只是遵守顺应时变罢了"。虚是道的常理，顺应它是君主的纲领。群臣一起到来，让他们各自阐明自己的主张，其中确实名实相符的叫做端正，确实虚有其名的叫做款。不听叫做款的这种人所说的话，奸就不会产生，贤德和不肖之人就自然分开了，白色还是黑色就显现出来。剩下的事就在你想怎么使用了，有什么事办不成呢？于是遵循最基本的法则，混混冥冥任其自然；照耀天下，返复往还不计较名称。大凡人有生命是因为有精神存在，所依附的则是形体。精神使用过度就会衰竭，形体过度劳累了就会凋敝，形体和精神分离开就会死亡。死去了的不能再恢复生命，离分了的不可能再结合，所以圣人看重（神与形）。由此看来，精神是生命的根本，形体是生命的躯壳。不先确定精神与形体（的关系和地位），就说"我有（理论）去治理天下"，请问根据什么呢？

太史公司马谈已掌管了天文事务，就不负责民众的事。他有个儿子司马迁。

司马迁出生在龙门，在龙门山之南黄河的北岸以耕牧为业，十岁时就开始诵读古文。他二十岁的时候就南游江淮；上会稽山，探寻禹穴，远望九疑山，泛舟沅水和湘水；又北涉汶水和泗水，在齐、鲁的都市讨论学业，观察孔子的遗风，在邹县和峄山参加乡射之礼；到蕃县、薛城和彭城时司马迁旅费缺乏，就取道梁、楚返回了。这时候司马迁当了郎中，奉皇上之命出使巴、蜀以南，巡视了邛、筰、昆明等地，回到长安复命。

这一年，天子汉武帝举行了汉朝的第一次封禅大典，但太史公司马谈留滞在洛阳，没有能跟随武帝去执行封禅的职事，在悲愤中去世。司马谈弥留之际，司马迁刚好从西南回来，在黄河与洛阳之间见到了父亲。太史公司马谈拉着司马迁的手哭泣着说："我的先祖，是周朝的太史。从远古开始，就曾经在有虞氏和夏朝的时候立功扬名，职掌天文的事务。到后代就衰落了，难道要从我这里断绝么？你继任太史，就是延续我们先祖的事业了。现在天子承接千年的统绪，封禅泰山，而我不得随行，是我的命差啊！我死去之后，你必定要当太史；当了太史之后，不要忘了我想写的著作呵。孝道，是从服事亲人开始，经过为皇上做事，最终达到卓然自立；扬名于后世，使父母显荣，这是最大的孝。天下赞扬周公，说他能宣扬歌颂周文王、周武王的德行，讲解《周南》、《召南》等《诗经》中的国风，表达太王、王季的思虑，一直追溯到公刘，以尊崇（周的始祖）后稷。周幽王、厉王之后，王道残缺，礼乐制度衰落了，孔子修旧起废，论述《诗经》、《尚书》，作《春秋》，学者们至今都把他当作典范。自从获麟年以来四百多年，诸侯相互兼并，史书绝灭。现今汉朝兴起，海内统一，明主贤君，忠臣义士（不少），我身为太史而不记载评论这些，废弃了事关天下的文字，我太害怕（承担这个重大责任）了，你一定要时刻想着这事呵！"司马迁低着头泪流满面地说："儿子虽然不敏捷，还是要请求父亲允许我将父亲已经整理好的史事加以裁断，不敢有所缺漏。"司马谈去世后三年，司马迁当了太史令，便在朝廷的石室金匮藏书中搜集材料。司马迁任太史令后五年是太初元年，这年的十一月甲子日是朔日，早上冬至，改（原用的颛顼历而）行太初历，在明堂中颁布新历，祭祀诸神。

太史公司马迁说："我的父亲说过：'自周公去世后五百年而出了孔子，从孔子至现在已经五百年了，一定有继承发扬孔子事业的人（出来），以《易传》为本，继承《春秋》，以《诗经》、《尚书》、《礼》和《乐》为基础。'这话的意思不正在这里么！这话的意思不正在这里么！作为儿子我怎么敢推让呢！"

上大夫壶遂问："过去孔子为什么要作《春秋》呢？"司马迁说："我听董仲舒先生说：'周朝的制度被破坏了，孔子担任鲁国的司寇，诸侯加害于他，大夫干扰他。孔子知道当时社会不重用他，自己的理论得不到实行，于是就评论春秋时期二百四十二年的是非曲直，作为天下法式，贬损诸侯，批评大夫，以阐明君王（应该做的）事情罢了。他老人家说：我与其写抽象的理论，还不如（把自己的思想）表现在能充分显现（我的思想的）事实之中。《春秋》上阐明了三王的法则，下理清了人事的纲纪，阐明疑惑难明的事理，明白是非，确定犹豫，赞美善行憎恶丑恶，推崇贤人轻视不肖之人，保存已经灭亡了的国家，延续已经断绝的世系，修补弊端兴起被废弃（了的制度），这是君王最重大的法则。《易》叙述的是天地阴阳四时五行，所以它的长处在变化之道；《礼》为人确定规则，所以它的长处在可以施行；《尚书》记载了先王的事情，所以它的长处在政治方面；《诗经》记载了山川、溪谷、禽兽、草木、牝牡雌雄等，所以它的长处在讽谏；《乐》是快乐所得以产生的根据，所以它的长处在协和；《春秋》分辨是非，所以它的长处在对人进行管理。所以说《礼》是节制人的，《乐》是启发协和的，《尚书》是记事的，《诗经》是表达意愿的，《易》是阐述变化的，《春秋》是讲义理的。拨乱反正，没有比《春秋》更有用了。《春秋》文字数万，旨意有数千，万物的聚散之理都在《春秋》（中说明了）。《春秋》之中，弑君有三十六次，亡国有五十二个，诸侯奔走还是不能保住社稷的不可胜数。考察其中的原因，都是丧失了根本。所以《易》中说'差之毫厘，谬以千里'，因此'臣弑君，子弑父，不是一朝一夕的原故，是由来已久的'。拥有国家的人不可以不知道《春秋》，（不然，）在自己的面前有言就听不见，自已背后有贼人就不能觉察。为臣的人不可以不知道《春秋》，（不然，）坚持大政方针而不知道它（如何）恰当，遇到事情变化了而不知道对它（如何）权衡。做君主和父亲的如果不通晓《春秋》的义理，一定会承担首恶的罪名。做臣下和儿子的如果不通晓《春秋》的义理，一定会陷入篡位、弑杀君父的死罪。事实上他们都自以为是在做好事，但是不知道义理，一旦把道理讲出来他们就不敢推卸罪责了。不通礼的意义的大旨，就会（坏）到君主不像君主，臣下不像臣下，父亲不像父亲，儿子不像儿子的程度。君主不像君主就会被臣下冒犯，臣下不像臣下就会被诛杀，父亲不像父亲就没有原则，儿子不像儿子就会不孝。这四种行为，是天下最大的过错。用天下最大的过错来责备他们，他们是只好接受而不敢反驳的。所以说《春秋》是礼的意义的本原。礼在事情发生之前起阻止作用，法在事情发生之后才施行，所以法的功用显而易见，而礼所起的阻止作用就连那些禁止（败坏行为）的人也难以明白。"

壶遂说："孔子那时，上面没有明君，下面的人得不到任用，所以他作《春秋》，把平铺直述的文章用礼义作为标准加以批评取舍以垂示后代，当作一统之王的法则。现在先生您上遇圣明的天子，下得以各守其职，万事具备，都各自遵循与自己身份相称的原则行动，先生所要论述的，想要说明什么呢？"太史公司马迁说："先生说得既对也不对，道理不能这样说。我的父亲说过：'虑戏非常纯厚，作了《易》的八卦。尧舜繁盛，《尚书》里有记载，礼、乐创造出来了。商汤和周武王的兴隆，诗人们吟咏歌唱。《春秋》采录善行贬斥恶行，推崇三代的德行，褒扬周室，不仅仅只有讥刺而已。'汉朝兴起以来，直到如今圣明的天子，获得了符瑞，进行了封禅，改了历法，变了服色，受天命而政清人和，恩泽无边，海外不同风俗、相隔数国的国家都派人来叩击塞门，请求进献珍宝晋见皇上的，不可胜言。臣下百官努力歌颂皇上的德行，还不能完全表达自己的心意。何况贤能的士人，倘若得不到任用，是有国家的人的耻辱；皇上圣明，德行得不到传扬，是官员的过错。并且我职掌史官，倘若废毁了皇上的圣明盛德不记载下来，灭没功臣、贤大夫的建树不加以叙述，毁弃了我父亲的话，就没有比这再大的罪过了。我所做的只不过是叙述以往的事情，整理与它们有关的传世材料，并非是创作，而先生把我写的东西比作《春秋》，那就错了。"

于是司马迁开始写作。十年之后他因为为李陵投降匈奴的事辩护而遭到灾祸，被囚禁起来，就喟然叹息说："这是我的罪过啊！我已经是无用之人了！"他又深思说："《诗经》和《尚书》透露出来的忧愁屈怨，是为实现自己理想呵。"于是，他叙述从陶唐氏以来、到汉武帝获麟那年为止的历史；他把黄帝作为历史的开端。全书目录，本纪为《五帝本纪》第一，《夏本纪》第二，《殷本纪》第三，《周本纪》第四，《秦本纪》第五，《始皇本纪》第六，《项羽本纪》第七，《高祖本纪》第八，《吕后本纪》第九，《孝文本纪》第十，《孝景本纪》第十一，《今上本纪》第十二；表的次序是，《三代世表》第一，《十二诸侯年代》第二，《六国年表》第三，《秦楚之际月表》第四，《汉诸侯年表》第五，《高祖功臣年表》第六，《惠景间功臣年表》第七，《建元以来侯者年表》第八，《王子侯者年表》第九，《汉兴以来将相名臣年表》第十。书的次序是：《礼书》第一，《乐书》第二，《律书》第三，《历书》第四，《天官书》第五，《封禅书》第六，《河渠书》第七，《平准书》第八。世家的次序是，《吴太伯世家》第一，《齐太公世家》第二，《鲁周公世家》第三，《燕召公世家》第四，《管蔡世家》第五，《陈杞世家》第六，《卫康叔世家》第七，《宋微子世家》第八，《晋世家》第九，《楚世家》第十，《越世家》第十一，《郑世家》第十二，《赵世家》第十三，《魏世家》第十四，《韩世家》第十五，《田完世家》第十六，《孔子世家》第十七，《陈涉世家》第十八，《外戚世家》第十九，《楚元王世家》第二十，《荆燕王世家》第二十一，《齐悼惠王世家》第二十二，《萧相国世家》第二十三，《曹相国世家》第二十四，《留侯世家》第二十五，《陈丞相世家》第二十六，《绛侯世家》第二十七，《梁孝王世家》第二十八，《五宗世家》第二十九，《三王世家》第三十。列传的次序为，《伯夷列传》第一，《管晏列传》第二，《老子韩非列传》第三，《司马穰苴列传》第四，《孙子吴起列传》第五，《伍子胥列传》第六，《仲尼弟子列传》第七，《商君列传》第八，《苏秦列传》第九，《张仪列传》第十，《樗里甘茂列传》第十一，《穰侯列传》第十二，《白起王翦列传》第十三，《孟子荀卿列传》第十四，《平原虞卿列传》第十五，《孟尝君列传》第十六，《魏公子列传》第十七，《春申君列传》第十八，《范睢蔡泽列传》第十九，《乐毅列传》第二十，《廉颇蔺相如列传》第二十一，《田单列传》第二十二，《鲁仲连列传》第二十三，《屈原贾生列传》第二十四，《吕不韦列传》第二十五，《刺客列传》第二十六，《李斯列传》第二十七，《蒙恬列传》第二十八，《张耳陈余列传》第二十九，《魏豹彭越传》第三十，《黥布列传》第三十一，《淮阴侯韩信列传》第三十二，《韩王信卢绾列传》第三十三，《田儋列传》

第三十四，《樊郦滕灌列传》第三十五，《张丞相仓列传》第三十六，《郦生陆贾列传》第三十七，《傅靳蒯成列传》第三十八，《刘敬叔孙通列传》第三十九，《季布栾布列传》第四十，《爰盎朝错列传》第四十一，《张释之冯唐列传》第四十二，《万石张叔列传》第四十三，《田叔列传》第四十四，《扁鹊仓公列传》第四十五，《吴王濞列传》第四十六，《魏其武安列传》第四十七，《韩长孺列传》第四十八，《李将军列传》第四十九，《卫将军骠骑列传》第五十，《平津主父列传》第五十一，《匈奴列传》第五十二，《南越列传》第五十三，《闽越列传》第五十四，《朝鲜列传》第五十五，《西南夷列传》第五十六，《司马相如列传》第五十七，《淮南衡山列传》第五十八，《循吏列传》第五十九，《汲郑列传》第六十，《儒林列传》第六十一，《酷吏列传》第六十二，《大宛列传》第六十三，《游侠列传》第六十四，《佞幸列传》第六十五，《滑稽列传》第六十六，《日者列传》第六十七，《龟策列传》第六十八，《货殖列传》第六十九。

汉朝继承了五帝的余绪，承继了被断绝了的三代的事业。周朝的学说衰落了，秦朝抛弃了古文，焚毁了《诗》、《书》，因而明堂、石室、金匮的玉版、图书散乱。汉朝兴起之后，萧何整理律令，韩信申明军法，张苍建立章程，叔孙通拟定礼仪，文章学术就文质兼备有所进步，散佚了的《诗》、《书》常常接踵出世。自从曹参推荐盖公讲黄老之学，而贾谊、晁错阐明申不害、韩非的理论，公孙弘崇尚儒学而显贵，百年之间，天下的遗文古事都集中在一起。太史公是父子相袭掌理编纂史书的职务，司马谈曾说："呵哟！我的先人曾职掌这事，在唐、虞之世就有名气。到了周朝，又重新典理此事。所以司马氏一族世代以来都主管天官，到了我这一辈，要恭敬地记住这事呵！"于是司马迁网络天下散佚旧事，考察帝王事业兴起的线索，推究它的发端观察它的结果，审视它的兴盛追究它的衰落，议论和考证事迹，略述三代，记录秦、汉，上从轩辕黄帝起，下至当代为止，著作了十二本纪，写出了历史的主要线索。有同时的，有异世的，年代有差别不易辨明，就作了十表。礼、乐制度历代有增有减，律、历有改变，关于兵书、山川、鬼神和天与人之间的关系等方面，为了表明其承敝通变的情况，就作了八书。二十八宿环绕北极星，三十辐条共同装在一根轴上，运行无穷，辅弼股肱之臣配合（帝王），忠诚、信义、推行天道以事奉主上，所以作三十世家。申张正义卓绝不凡、不让自己失去了时机、立功名于天下（的人很多），所以作了七十列传。总共一百三十篇，五十二万六千五百字，名为《太史公书》。其序文大体说，这部书是为了网落遗失补充六艺的；它构成了一家之言，协调了对六经不同的解说，整齐了百家杂乱的意见；这部书的原本藏名山，副本在京都，以等待后来的圣人和君子们（观览）。这些都是书中的列传第七十、司马迁的《自叙》所说的。（现在），《太史以书》）有十篇缺佚了，只剩下目录而没有正文。

　　司马迁受腐刑之后，担任了中书令，这是个受人尊敬很受皇上宠信的职位。他的朋友益州刺史任安给他写信，用古代贤臣的标准责备他。司马迁回信说：

　　少卿先生：以前有辱您写信给我，教导我努力慎重地处理各种关系、推贤进士，意义殷勤诚恳，仿佛是怨我不按照老师的教导去做，而让俗人的言语左右了我的志向。我是不敢如此去做的。我虽极其愚钝，也曾经从侧面听说过长者遗风。只是我身残处秽受着感情的折磨，动辄得咎，想加倍地检点自己，所以精神抑郁而跟谁也不说什么。谚语说："可为作之，令谁听之？"钟子期死后，伯牙终身不再鼓琴，这是为什么？这是因为士为知己者死，女为悦己者容。像我这样一个本质上已有亏缺的人，虽怀着随侯珠、和氏璧一样美好的才能，德行跟许由、伯夷一样，最终也不能得到荣光，只不过足以使人发笑而自己使自己遭受到玷污而已。

　　本来很早就应回您的信，不巧遇到我随皇上从东方归来，又被不足道的事情所纠缠，与您相见的时间很短，匆忙之间没有机会得以说明我的意见。现在少卿先生遭受到预想不到的罪罚，这一个月，已经是接近季冬，我又跟从皇上到雍地去，恐怕先生您猝然之间不能与我见面了。如若如此我就终究不得把我的忧愤烦闷向接近我的人抒发，而与我永别者的魂魄将怀着无穷无尽的私恨。请求您允许我陈述我浅陋的看法。我很久没回信给您请您不要埋怨我。

　　我听说，修身的人是智慧的聚集之所，喜欢施舍的人是仁的开端，收受与给予（恰当）的人是义的，（懂得）耻辱的人是勇敢的基础，立名的人是人的作为的最高追求。士人具备了以上五种德行，然后就可以依于社会，被列入君子之列了。所以就灾祸说没有比追求功利更使人痛心的人，就悲伤说没有比伤了心更使人痛苦了，就行为说没有比侮辱先人的行为更丑恶的人，而就耻辱说没有比受宫刑更大的耻辱了。受了宫刑的人，没有什么可相比的，并非一个时代是这样，已经是由来已久的了。昔日卫灵公与雍渠同车，孔子去到了陈国；商鞅依靠景监面见（了秦孝公），赵良就感到寒心；赵谈做了骖乘，爰丝满脸不高兴，自古以来都以这样的事为耻辱。有中等才能的人，有事与宦臣相关，就莫不伤心气恼，更何况慷慨之士呢！现在朝廷虽然缺乏人才，怎么可以让刀锯之余（的我）去推荐天下的豪雄俊杰呢！我依赖承继先人的事业，得以待罪于皇上的辇毂之下，到现在已经二十多年了。所以我私下想：对上说来，我不能怀忠效信，得到献奇策、出大力的赞誉，与皇上搞好关系；其次，我又不能拾遗补阙，招贤进能，使岩穴之士得以显露；就朝廷之外说，我不能作为军队的一员，去攻城野战，建立斩将搴旗的功勋；就最低要求说，我也不能累日积劳，取得尊官厚禄，为宗族结交达官贵人。我没做到以上四方面的任何一件；我苟合取容，对各方面都无所贡献，从这里可以看出来。过去，我也曾经侧身于下大夫之列，陪着外廷议论些细枝末节的事。不在那时候引进维纲护纪之人，竭尽我的思虑，现在我已亏损了形体为打扫清洁的奴仆，在猥贱的人当中，这时如果想昂首扬眉来论列是非，不是太轻视朝廷，羞辱当今的士人了吗！呵哟！呵哟！你我这样的人，还有什么话可说啊！还有什么话可说啊！

　　而且事情的本末本不容易辨明的。我年少时自负于不羁之才，长大了后没有得到家乡人的称赞，皇上因为我先人的原因照顾我，使我得以凭浅薄的才学，出入于防卫周密的宫廷之中。我认为头上戴着盆是怎么也看不见天的，（不可有更大的奢望，）所以我断绝了和宾客之间的往来，忘却了家室的生计事业，日日夜夜想竭尽我不成器的才力，一心一意致力于我的职守，以讨得皇上的欢心。但事情有完全违背主观愿望的。我与李陵都在朝廷供职，向来不是朋友，兴趣爱好各不相同，从未有过举杯戏酒殷勤款待的欢聚。但是我观察他的为人，认为他是无可争议的奇士，他事奉长辈遵循孝道，与士人相交以信为本，面对财物表现廉洁，取得与给予都以义为标准，对身份职别表现出谦让，对下人很客气，常常想奋不顾身以赴国家的急难。这些高贵的品德都是他平素间所积累起来的。我认为他有国士之风。为臣的人出生入死不顾自己一生的长远之计，赴公家之难，这已经奇特了。如今有一件事情办得不妥当，那些苟且偷生护妻保子的臣子们紧跟着就牵连生事造谣中伤，我实在是心痛极了！而且李陵率领的步兵不到五千人，深入敌人后方，足迹经过了匈奴的王庭，垂饵虎口，往西向强大的胡人挑战，仰对匈奴的亿万之师，与单于连续作战了十多天，就李陵军队的人数而言，杀掉的敌人之多已超过了自己的能力。匈奴连救死扶伤都来不及，君长们都震恐了，就全部征集左右贤王属部，征发凡是能骑马射箭的百姓，倾一国之力共同围攻李陵。李陵转战千里，矢尽道绝，又无援救之兵，士卒伤者堆积。但是李陵只要一呼唤已疲劳的军队，战士们无一不奋然而起的，他们弯着身子流着鼻涕，抚着流血的伤口暗自饮泣，拉开没有上箭的弓，顶着雪亮的刀刃，面对北方与敌人死战。李陵还没去世之前，有使者回来报告，汉朝的公卿王侯都捧酒祝贺皇上。几天后，李陵战败的事被奏闻于朝廷，皇上食不甘味，听政时很不高兴。大臣们忧愁恐惧，不知计从何出。我不自量个人卑贱的地位，见皇上惨切悲恸，真心想用我忠实诚恳的愚陋报效皇上。我认为李陵平素间与士大夫相处就同甘共苦，所以能让人为其拼死，即使是古代的名将也超不过他。他虽然陷于失败，但看他的意图，是想得到机会而报效汉朝。事情已到了无可奈何的地步，但他所摧毁战败敌人的事绩，功劳也足以显露于天下了。我心里怀着这个意见想上陈皇上，但没有门路。正逢皇上召问，就根据这个思路推崇李陵的功劳，想以此开扩皇上的思路，堵塞小怨小忿引起的不实之辞。我还没完全说明，皇上没很好考虑，就认为我是在攻击贰师将军而为李陵游说，于是就把我下发到司法官审问。我的拳拳忠心，终究不能自陈。因为认定我诬上之罪，最后就让狱吏们去议论量刑。我家贫穷，所有的财产不足以自赎其身，朋友们没有来救援的，左右亲近的人都不为我说一句话。身体不是木石，我独自与法吏为伍，深深地囚禁在监牢之中，向谁去诉说我满腹的心酸呵！这些事都是您少卿先生亲自见到的，我的行为难道不对吗？李陵既然投降，败坏了他家的名声，而我又被推进了蚕食，被天下人看笑话。太可悲了！太可悲了！

事情不容易给俗人说明白。我的先人没有享受剖符丹书的功勋，做掌管文史星历的史官，地位与卜人巫祝相近，只是供主上所戏弄、当着优伶一样养畜罢了，不被社会所重视。如果我就诛，若九牛失去一毛，和蝼蚁有什么区别？而且社会上又不把我的死与为气节而死等量齐观，不过认为是我智穷罪极，不能自免，只好就死罢了。这是为什么？这是平日里自己立志造成的。人固有一死，死有重于泰山，或轻于鸿毛，不同的选择有不同的结果。最好是不辱没先人，其次不辱没自己的身份，其次不辱没义理名份，其次不辱没辞令，其次是屈体受辱，其次换了服装受辱，其次是带枷绳被杖击受辱，其次是剃去毛发打上金印受辱，其次是毁坏肌肤折断肢体受辱，最下等的侮辱是腐刑，这就到了极点了！《传》上说："刑不上大夫。"这话是说士人的气节不可不磨砺，以求得上进。猛虎在深山，百兽震恐，到落入陷井之中，就只能摇尾乞食，它的威风被欺诈制约了。所以士人们知道，即便是画地为牢也不能入，即使是木头做的狱更也不能跟他对话，做出这种决定是因为道理太明显了。现在我手足交叉，被绳捆索绑，暴露肌肤，受棒击，被禁锢在环墙之中，这时候，看见狱吏就低头撞地，徒隶出现我就心中恐惧，这是为什么？威风被权势所制约了。到了这个时候，说没有受辱的人，就是所谓的勉强装样子罢了，有什么值得尊敬的呢？而且，西伯，是伯，被拘于牖里；李斯，是相，被施了五刑；淮阴侯韩信，是王，在陈地被桎梏；彭越、张敖南面称孤，或系于狱或狱大罪；绛侯诛杀了吕后一党，权倾五霸，结果被囚在关押有罪官吏的牢狱中；魏其，是大将，穿上了赭色的衣服，颈、手、足三处都上了枷锁；季布（这样一个有作为的人）成了朱家的钳奴；灌夫受辱之后只好居住在家里。这些都是身居王侯将相、名声远扬邻国的人，到了犯罪受到法律制裁的时候，不能自杀对自己进行裁决。在茫茫尘世之中，古今都是一样的，怎么能不受侮辱呢！这样看来，勇敢和怯弱，是人所处环境和地位决定的；强与弱，是形势所使然。道理确实是这样的，有什么奇怪的呢！而且人不能及早规范自己的行为，已经落到置身于鞭棰之间时，才想引荐有节操的人，这不是太离谱了吗？古人所以难以对大夫施用刑法，大概就是这个原因吧。就人情说没有不贪生怕死、思念亲戚、眷念妻子儿女的，而被义理所激发的人却不然，他们有不得已（而不畏死、不思念亲戚、不眷念妻子儿女）的时候。我是不幸的，太早地失去了双亲，没有兄弟间的亲爱，独身孤立，少卿先生把我当作您最亲近的人怎么样呢？而且勇敢的人未必都是为殉节而死，怯懦的人饮慕义，就没有什么地方不以义理来激励自己！我虽然怯弱想苟且偷生，也很知道去就的界线，为什么会陷入一狱囚禁的耻辱之中不能自拔呢？而且即是奴婢侍妾也能引咎自裁，何况像我处于这种不得已境地的人呢！我所以隐忍苟活，被淹埋在粪土之中而不辞，是因为怀恨自己的心愿有没有实现，鄙视被世事所淹没而我的文采不能传扬给后人。

古代显贵之人被忘记的，不可胜记，只有偶傥非常之人得以显身扬名。大概说来，西伯被拘之后而演绎了《周易》；仲尼受厄而作《春秋》；屈原被放逐，就赋了《离骚》；左丘失明，就写了《国语》；孙子的脚受了膑刑，就写了《兵法》；吕不韦被放逐到蜀，世间就流传了《吕览》；韩非被秦国所囚，就作了《说难》、《孤愤》。《诗经》的三百篇，大约都是贤圣的发愤之作。以上这些都是因为人的思想有郁结之处，弄不通其中的道理，所以叙述往事，思考未来。像左丘明眼睛看不见，孙子被断了脚，终究得不到任用，只好引退写文作书以舒发自己的悲愤，想留下文章以自表其志。我私下里很不恭敬，近来以没有才气的文辞自托，网罗天下的佚闻旧事，考证事实，探寻成败兴坏的道理，总共一百三十篇，也想以此研究天人之间的关系，通晓古今的变化，形成自己的一家之言。草创未就，恰好遭遇了这场灾祸，可惜它还没有完成，所以我毫无愠色地接受了极刑。我将此书写完之后，要把它藏之名山，留传给能在通邑大都扬播的人，那么我就补偿了受辱所遭到的责难，虽被戮杀一万次，难道还会后悔吗？但是这些话只可以跟有理智的人道，难以给俗人言。

况且背负侮辱的人不容易安居，地位低微的人遭到的诽谤最多。我因为说话不慎而遭遇到宫刑之祸，再一次受到乡党的讥笑和指责，辱了先人，还有什么脸面再到父母的坟墓上去呢？虽然是百代以后，我所造成的圬垢只会越积越厚的！所以，我肠一日而九回，在家里坐着就感到飘飘浮浮若有所失，出门则不知道自己到什么地方去。一想到自己的这一耻辱，汗就没有不从背上往外冒浸湿衣服的。身虽为皇上内廷之臣，还不如自己引退深藏到山岩洞穴当中去呵！所以姑且随俗浮沉，与时俯仰，以此来疏通我的大惑不解。现有少卿先生教导我要推贤进士，不是和我个人的愿望相违么？现在我虽然想雕琢自饰，用美妙的言辞自我解嘲，也是没有益处的，社会上不会相信我的辩解，只不过取得羞辱罢了。总之到我死那天，是非才能明确。书不尽意，所以只是大略地陈述我浅陋的看法。